추천하는 글

친구에게 내 기분을 솔직하게 말했는데 사이가 어색해진 적 있나요?
복잡한 상황을 설명하다가 오히려 뒤엉켜 버린 적은 없나요?

속담, 고사성어, 관용어, 우리말을 제대로 알면
하기 어렵거나 듣기 싫은 말도 간결하고 재치 있게 주고받을 수 있어요.
그러기 위해선 상황에 알맞은 표현을 제대로 익혀야 해요.

〈머리에 쏙 입에 착 붙는 어휘 스도쿠 속담〉은
다양한 상황 속에서 여러분의 생각을 똑똑하게 전달할 수 있는
든든한 어휘 길잡이가 되어 줄 거예요.

의미와 쓰임을 모른 채 달달 외우는 것이 아니라
만화와 풍부한 설명으로 100개의 속담을 '이해'하고,
어휘 스도쿠와 다양한 퀴즈를 통해 '활용'하는 법을 배울 수 있지요.
그러다 보면 어느새 머리에 쏙! 입에 착! 붙어 어휘가 저절로 나온답니다.

이 책은 초등학생이라면 꼭 알아야 할 필수 어휘만 모아
의사소통은 물론 공부의 기본기까지 확실하게 잡아 줄 거예요.

신나는 게임을 하듯 흥미진진한 어휘의 세계로
힘차게 첫걸음을 내디뎌 봐요!

모두가 어휘와 친해지는 그날까지

맹지현

꼬불꼬불 라면 친구들

뽀글이
여기저기 참견하기
좋아하는 장난꾸러기
라면

짜짜
맞는 말을 잘하는 만큼
오해도 받는 대문자 T
짜장라면

매코미
쉽게 화를 내지만 금방
풀어지는 다혈질 요정
매운 볶음면

추추
이 구역 1인자가 되고 싶은
잘난 척쟁이 고추

송송이
티격태격하지만 동생을
잘 챙기는 파

에이그
이래도 실실, 저래도 좋은
평화주의자 달걀

냠냠
어떤 친구도 감쌀 줄 아는
다정한 냄비

쏘비지
뭐가 그리 바쁜지
매일 헉헉대는 라면수프

이 책의 구성과 특징

만화로 어휘 만나기
속담이 필요한 상황을 한 줄 정리와 재밌는 만화로 시작해 봐.

말 속에서 써 보기
대화의 빈칸을 채워 가며 일상생활에서 속담을 입에 착! 붙여 봐.

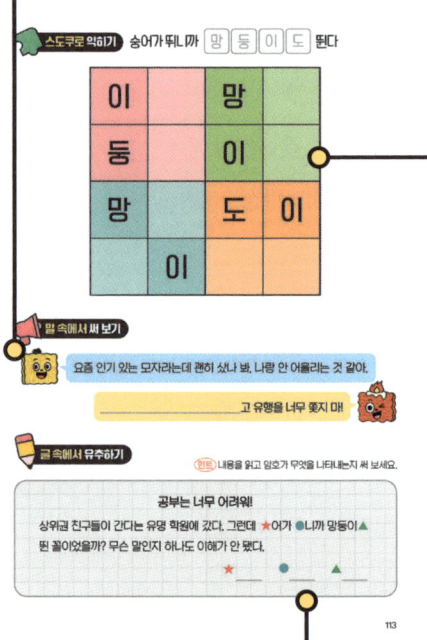

100개 어휘 제대로 알기
초등학생이라면 꼭 알아야 할 속담 100개의 의미와 함께 구체적인 사례와 비슷한말, 반대말까지 머리에 콕! 넣어 봐.

어휘 중요도
초등 교과서와 일상생활에서 자주 쓰는 속담을 중요도에 따라 ☆☆☆~☆으로 표시

글 속에서 써먹기 내용에서 유추하기
다양한 갈래의 글과 퀴즈로 속담을 확실하게 다져 봐.

어휘 스도쿠로 익히기

기본 규칙

1. 글자가 없는 빈칸에 빠진 글자를 넣는다.
2. 가로줄, 세로줄에 같은 글자가 겹치지 않는다.
3. 혹시 틀리면 쉽게 지울 수 있도록 연필로 푼다.

어휘 스도쿠 3칸, 5칸

	알	먹
알		기
먹		

속담을 익힐 때 초등학생이 가장 헷갈리는 부분을 어휘 스도쿠로 완성하는 거야. 띄어쓰기는 신경 쓰지 않아도 돼.

어휘 스도쿠 4칸, 6칸

		띄	놈
	띄	위	
띄			위
위	놈	는	

글자가 가장 덜 비어 있는 줄부터 공략하면 쉬워.

이때, 같은 색깔 사각형 안에 어휘 낱자가 한 번씩 들어가야 한다는 사실!

차례

어휘 스도쿠 3칸

1. 소 잃고 외양간 고친다 · 10
2. 가재는 게 편 · 12
3. 공든 탑이 무너지랴 · 14
4. 꿩 먹고 알 먹기 · 16
5. 내 코가 석 자 · 18
6. 쇠귀에 경 읽기 · 20
7. 우물 안 개구리 · 22
8. 금강산도 식후경 · 24
9. 꿩 대신 닭 · 26
10. 누워서 침 뱉기 · 28
11. 등잔 밑이 어둡다 · 30
12. 빈 수레가 요란하다 · 32
13. 사공이 많으면 배가 산으로 간다 · 34
14. 수박 겉 핥기 · 36
15. 원숭이도 나무에서 떨어진다 · 38
16. 쥐구멍에도 볕 들 날 있다 · 40

17. 배보다 배꼽이 더 크다 · 42
18. 병 주고 약 준다 · 44
19. 하늘의 별 따기 · 46
20. 꼬리가 길면 밟힌다 · 48
21. 방귀 뀐 놈이 성낸다 · 50

어휘 스도쿠 4칸

22. 낮말은 새가 듣고 밤말은 쥐가 듣는다 · 52
23. 뛰는 놈 위에 나는 놈 있다 · 54
24. 고래 싸움에 새우 등 터진다 · 56
25. 바늘 도둑이 소도둑 된다 · 58
26. 천 리 길도 한 걸음부터 · 60
27. 콩 심은 데 콩 나고 팥 심은 데 팥 난다 · 62
28. 티끌 모아 태산 · 64

㉙ 가랑비에 옷 젖는 줄 모른다 • 66

㉚ 개구리 올챙이 적 생각 못 한다 • 68

㉛ 굼벵이도 구르는 재주가 있다 • 70

㉜ 닭 쫓던 개 지붕 쳐다본다 • 72

㉝ 마른하늘에 날벼락 • 74

㉞ 말 한마디에 천 냥 빚도 갚는다 • 76

㉟ 말이 씨가 된다 • 78

㊱ 믿는 도끼에 발등 찍힌다 • 80

㊲ 밑 빠진 독에 물 붓기 • 82

㊳ 벼 이삭은 익을수록 고개를 숙인다 • 84

㊴ 열 번 찍어 아니 넘어가는 나무 없다 • 86

㊵ 우물을 파도 한 우물을 파라 • 88

㊶ 입에 쓴 약이 몸에 좋다 • 90

㊷ 작은 고추가 더 맵다 • 92

㊸ 지렁이도 밟으면 꿈틀한다 • 94

㊹ 고생 끝에 낙이 온다 • 96

㊺ 구르는 돌에는 이끼가 끼지 않는다 • 98

㊻ 낫 놓고 기역 자도 모른다 • 100

㊼ 될성부른 나무는 떡잎부터 알아본다 • 102

㊽ 똥 누러 갈 적 마음 다르고 올 적 마음 다르다 • 104

㊾ 미운 아이 떡 하나 더 준다 • 106

㊿ 발 없는 말이 천 리 간다 • 108

(51) 세 살 버릇 여든까지 간다 • 110

㊾ 숭어가 뛰니까 망둥이도 뛴다 · 112
㊿ 같은 값이면 다홍치마 · 114
㊾ 고양이 목에 방울 달기 · 116
㊾ 호랑이도 제 말 하면 온다 · 118
㊾ 호박이 넝쿨째로 굴러 떨어졌다 · 120
㊾ 언 발에 오줌 누기 · 122
㊾ 똥 묻은 개가 겨 묻은 개 나무란다 · 124
㊾ 하나를 보면 열을 안다 · 126
⑥ 계란으로 바위 치기 · 128
⑥ 입은 비뚤어져도 말은 바로 해라 · 130
⑥ 아 다르고 어 다르다 · 132

어휘 스도쿠 5칸

⑥ 하늘이 무너져도 솟아날 구멍은 있다 · 134
⑥ 구슬이 서 말이라도 꿰어야 보배 · 136

⑥ 까마귀 날자 배 떨어진다 · 138
⑥ 돌다리도 두들겨 보고 건너라 · 140
⑥ 구더기 무서워 장 못 담글까 · 142
⑥ 도둑이 제 발 저리다 · 144
⑥ 떡 줄 사람은 생각도 않는데 김칫국부터 마신다 · 146
⑦ 백지장도 맞들면 낫다 · 148
⑦ 아니 땐 굴뚝에 연기 나랴 · 150
⑦ 콩으로 메주를 쑨다 해도 곧이 안 믿는다 · 152
⑦ 남의 떡이 더 커 보인다 · 154
⑦ 다 된 죽에 코 빠뜨린다 · 156
⑦ 모르는 게 약이요 아는 게 병 · 158
⑦ 목마른 사람이 우물 판다 · 160
⑦ 물에 빠진 놈 건져 놓으니 보따리 내놓으라 한다 · 162

㉘ 바늘 가는 데 실 간다 · 164
㉙ 우물에 가 숭늉 찾는다 · 166
㊿ 자라 보고 놀란 가슴 솥뚜껑 보고 놀란다 · 168
81 하룻강아지 범 무서운 줄 모른다 · 170
82 길고 짧은 것은 대어 보아야 안다 · 172
83 불난 집에 부채질한다 · 174
84 짚신도 제짝이 있다 · 176
85 달면 삼키고 쓰면 뱉는다 · 178
86 소문난 잔치에 먹을 것 없다 · 180
87 황소 뒷걸음치다 쥐 잡는다 · 182

90 닭 잡아먹고 오리발 내놓기 · 188
91 비 온 뒤에 땅이 굳어진다 · 190
92 어물전 망신은 꼴뚜기가 시킨다 · 192
93 열 길 물속은 알아도 한 길 사람 속은 모른다 · 194
94 윗물이 맑아야 아랫물이 맑다 · 196
95 가지 많은 나무에 바람 잘 날 없다 · 198
96 뱁새가 황새 따라가면 가랑이 찢어진다 · 200
97 서당 개 삼 년에 풍월을 읊는다 · 202
98 호랑이에게 물려 가도 정신만 차리면 산다 · 204
99 쇠뿔도 단김에 빼랬다 · 206
100 호미로 막을 것을 가래로 막는다 · 208

어휘 스도쿠 6칸

88 가는 말이 고와야 오는 말이 곱다 · 184
89 남의 잔치에 감 놓아라 배 놓아라 한다 · 186

정답 · 210

 일이 잘못된 뒤에 손을 써도 소용없을 때

---

① 소 잃고 외양간 고친다

- **이런 뜻** 소가 도망치고 나서야 허술했던 외양간을 고친다.
- **이럴 때** 세뱃돈을 잃어버리고 나서야 지갑을 살 때
- **비슷한 말** [고사성어] **사후 약방문(死後藥方文)**: 일이 벌어진 뒤에 해결책을 내어 봤자 쓸모가 없다.

 소 잃고 외 양 간 고친다

간		
양		외
	양	간

 핸드폰을 변기에 빠트렸어! 이제 화장실에 핸드폰 절대 안 가져갈 거야.

내가 가져가지 말랬잖아. _____ 치면 뭐 하냐고!

힌트 내용에 알맞은 어휘를 골라 보세요.

세계 유산도 삼켜 버린 폭우

장마가 시작되면서 문화재 피해가 늘어나고 있다. 폭우가 예고됐음에도 신속한 대처가 이루어지지 않아 소 (잃고 / 얻고) 외양간 (고치는 / 부시는) 꼴이 됐다.

모습이나 상황이 비슷한 사람끼리 어울리고 감쌀 때

② 가재는 게 편

- **이런 뜻** 가재는 자기와 닮은 게를 편든다.
- **이럴 때** 친구와 동생이 싸우면, 무조건 동생 편을 들 때
- **비슷한말** (속담) 초록은 동색, 팔이 안으로 굽지 밖으로 굽나.

중요도

  게편

	가	재
가		
	는	

 나도 짜짜 말대로 노래방 가지 말고 네 컷 사진 찍으면 좋겠어.

_____ 이라더니 라면끼리 뭉치는군.

힌트 오늘 배운 속담과 연관된 어휘 1개를 찾아 ○ 하세요.

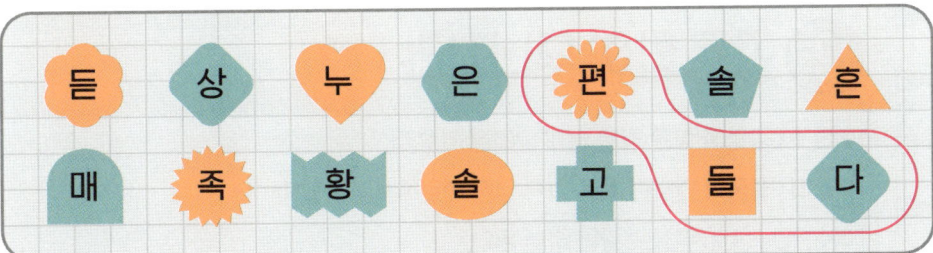

 **정성을 다하여 좋은 결과를 얻을 때**

중요도 ★★★

③ 공든 탑이 무너지랴

- **이런 뜻** 공들여 쌓은 탑은 쉽게 무너질 리 없다.
- **이럴 때** 열심히 연습한 끝에 과학 경진 대회에서 우승할 때
- **비슷한말** (속담) 무쇠도 갈면 바늘 된다.

  이 무너지랴

	든	공
	공	탑

 드디어 내 차례야! 매일 연습했는데도 무대를 보니 떨려.

넌 잘할 거야. _____ 질 리 없어!

힌트 내용에 알맞은 어휘를 골라 보세요.

<토머슨 에디슨>을 읽고 나서

에디슨은 14년 동안 하루 20시간씩 일하며 축음기, 전구를 만들었다. '(공든 / 멍든) 탑이 (무너지지 / 쓰러지지) 않는다'는 것을 보여 주는 위대한 발명가라 할 수 있다.

 한 가지 일로 여러 이익을 볼 때

④ 꿩 먹고 알 먹기

| 이런 뜻 | 꿩을 잡았더니 알까지 얻다.
| 이럴 때 | 청소를 했는데 기분도 상쾌해지고, 잃어버린 돈도 찾게 됐을 때
| 비슷한 말 | (속담) 도랑 치고 가재 잡는다.

중요도 ★★★

스도쿠로 익히기: 꿩 먹고 알 먹기

	알	먹
알		기
먹		

말 속에서 써 보기

엄마가 벼룩시장에 못 신는 신발을 내놨는데 오천 원에 팔렸어!

돈도 벌고, 쓰레기도 줄이고 _____ 네!

글 속에서 유추하기

힌트 내용을 읽고 암호가 무엇을 나타내는지 써 보세요.

사랑하는 엄마께

이번에 새로 나온 핸드폰을 사면 청소기를 무료로 준대요. 제가 좋아하는 것도 사고, 엄마한테 필요한 물건도 생기니 ★ 먹● 알 ▲기예요. 얼른 사 주세요!

★ _____ ● _____ ▲ _____

 내 사정이 급해서 남을 돌볼 여유가 없을 때

중요도

⑤ 내 코가 석 자

- **이런 뜻** 콧물이 아주 길게 흘러내려도 닦을 틈이 없다.
- **이럴 때** 내가 다리를 다쳐서 아픈 친구를 도와주지 못할 때
- **비슷한 말** (속담) 발등에 불 떨어지다.

  석자

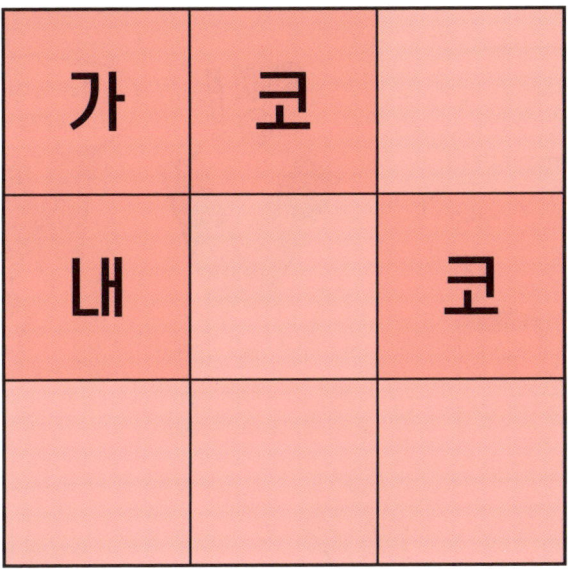

 논설문 다 썼어? 결론을 어떻게 마무리 지어야 할지 모르겠어.

_____ 야. 난 아직 주제도 못 정했어.

힌트 내용에 알맞은 어휘를 골라 보세요.

이게 무슨 망신이야!

매코미가 빵을 계산하는데 오백 원이 부족했다. 그래서 내가 사 준다고 했는데 아뿔싸! 내 (키 / 코)가 (석 / 다섯) 자라더니 지갑을 안 가져왔다.

 **아무리 가르쳐도 못 알아듣거나 따르지 않을 때**

자, 제일 쉬운 문제부터 낼게. 2 더하기 2는 뭘까?

덧니!

땡!

그래도 이건 알겠지? 2 빼기 2는 뭐야?

틀니!

이번엔 맞혔지? 어때, 나도 하면 한다고!

쇠귀에 경 읽기도 아니고, 그렇게 가르쳐 줬는데도 모르다니…. 난 포기야!

⑥ 쇠귀에 경 읽기

- **이런 뜻** 소한테 경전을 읽어 줘도 알아듣지 못한다.
- **이럴 때** 동생에게 열심히 수학 문제를 설명해도 전혀 이해하지 못할 때
- **비슷한말** (고사성어) **마이동풍(馬耳東風)**: 남의 말을 귀담아듣지 않고 흘려버리다.

 쇠귀에 읽 기

경	읽	
읽		경
		읽

집 안에서 뛰면 안 돼! _____도 아니고 몇 번을 말해?

미안해. 나도 모르게 그만 깜빡했어.

힌트 내용을 읽고 암호가 무엇을 나타내는지 써 보세요.

쓰레기와 함께 사라진 양심

한 주민센터 앞에 박스와 음식물이 가득한 쓰레기가 무더기로 발견됐다. 무단 투기 하지 말라는 경고문이 붙어 있었지만 쇠★에 ● 읽▲일 뿐이었다.

★ _____   ● _____   ▲ _____

넓은 세상을 알지 못하고 저만 잘난 줄 알 때

중요도 ★★

7 우물 안 개구리

 이런 뜻 우물 안에 사는 개구리는 우물 안이 세상의 전부인 줄 안다.

이럴 때 우리 반에서 축구를 제일 잘한다고 전교에서도 최고인 줄 착각할 때

비슷한말   바늘구멍으로 하늘 보기

 우물 안 개 구 리

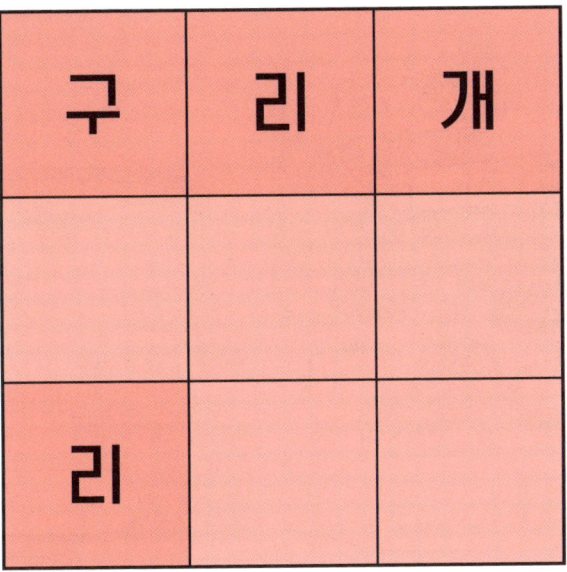

 코딩 대회에 나가 보니 실력 좋은 친구들이 너무 많아.

내가 최고인 줄 알고 우쭐댔는데, _____였어.

힌트 내용에 알맞은 어휘를 골라 보세요.

야구 대표팀, 국제 대회 본선 진출 실패

12일 야구 대표팀이 조별 리그에서 탈락했다. 야구 팬들은 우리 대표팀이 (연못 / 우물) 안 (두꺼비 / 개구리)라는 것을 확인할 수 있는 대회였다고 말했다.

 배고프면 재밌는 일도 흥미가 생기지 않을 때

중요도 ★★

⑧ 금강산도 식후경

이런 뜻 금강산처럼 멋진 풍경도 밥을 먹고 난 후에야 제대로 볼 수 있다.

이럴 때 재밌는 놀이기구를 눈앞에 두고 밥부터 챙겨 먹을 때

비슷한 말 속담 수염이 대 자라도 먹어야 양반이다.

 금강산도 식 후 경

경	식	
	후	경
후		

 넌 영화 보러 와서 팝콘 먹느라 바쁘구나?

_____ 이라고 배를 채워야 영화에 집중할 수 있어!

힌트 내용을 읽고 암호가 무엇을 나타내는지 써 보세요.

괜히 맛집이 아니야!

설날을 앞두고 시골에 있는 할머니 댁에 갔다. ★강산● 식후▲이라고 가는 길에 맛집에 들렀는데 손님이 어찌나 많던지 우리나라 사람은 다 모인 것 같았다.

★ _____ ● _____ ▲ _____

 **마땅한 것이 없어서 비슷한 것으로 대신할 때**

중요도 ★★

9 꿩 대신 닭

- **이런 뜻** 꿩을 구하지 못해 비슷하게 생긴 닭을 쓰다.
- **이럴 때** 무더위에 에어컨이 고장 나서 대신 선풍기를 틀 때
- **비슷한말** (속담) 아랫돌 빼서 윗돌 괸다.

  닭

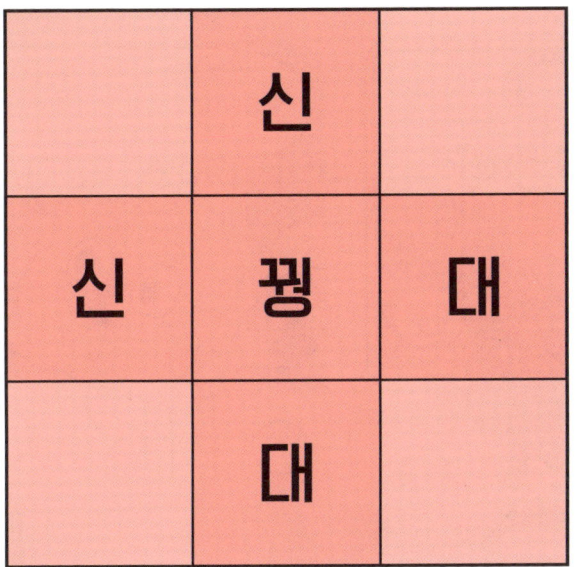

 빵집에 생일 케이크가 다 팔려서 초코 파이를 사 왔어!

_____ 이라고 초코 파이 탑으로 케이크를 만들자.

힌트 내용에 알맞은 어휘를 골라 보세요.

백숙으로 변신한 치킨

TV를 보는데 치킨 광고가 나왔다. 바삭바삭한 모습을 보니 먹고 싶어져 엄마한테 사 달라고 했더니 물컹물컹한 백숙을 해 주셨다. (꿩 / 비둘기) 대신 (치킨 / 닭)이었다.

 남에게 해를 입히려다 오히려 자기가 당할 때

중요도 ★★

⑩ 누워서 침 뱉기

[이런 뜻] 누워서 침을 뱉어 봐야 내 얼굴로 도로 떨어진다.

[이럴 때] 친구에게 내 동생 흉을 볼 때

[비슷한말] (고사성어) **자승자박(自繩自縛)**: 자기가 한 말과 행동에 얽매여 어려움을 겪다.

 누워서 침 뱉 기

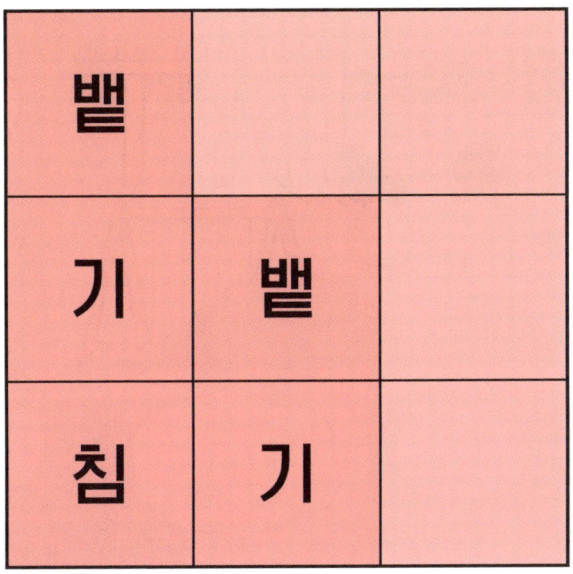

 우리 학교는 급식도 맛없고, 선생님도 엄하고 정말 별로야.

네가 다니는 학교인데 _____ 아냐?

(힌트) 내용을 읽고 암호가 무엇을 나타내는지 써 보세요.

방귀 뀌는 게 어때서!

추추가 나를 방귀쟁이라고 놀렸다. 그런데 수업 시간에 추추가 방귀를 뀌어서 방귀 대장이라는 별명을 얻었다. ★워서 ● 뱉▲였다.

 가까이 있어도 알아채지 못할 때

⑪ 등잔 밑이 어둡다

- 이런 뜻) 등잔 밑은 그늘져서 어둡다.
- 이럴 때) 아침에 일어나서 침대맡에 둔 안경을 거실에서 찾을 때
- 비슷한말) (속담) 업은 아이 삼 년 찾는다.

  이 어둡다

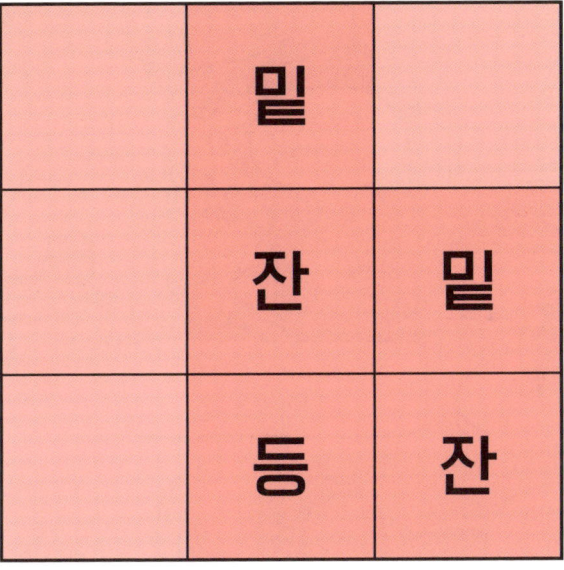

 너 아래층에 살았어? _____ 더니 여태 몰랐네.

여기서 유치원 다닐 때부터 살았거든?

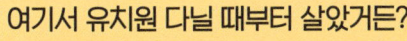 내용에 알맞은 어휘를 골라 보세요.

누가 내 지우개 가져갔어?

영어 시간에 지우개가 없어진 줄 알고 교실 여기저기를 살폈는데 책상 밑에 떨어져 있었다. (등잔 / 호롱불) 밑이 (밝다 / 어둡다)는 말이 딱이었다.

 잘 알지도 못하면서 아는 체하고 큰소리칠 때

12 빈 수레가 요란하다

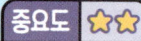 중요도 ★★

- **이런 뜻** 빈 수레는 가벼워서 덜컹덜컹 요란한 소리를 낸다.
- **이럴 때** 친구가 도시락이 맛있다고 엄청 자랑했지만 막상 먹어 보니 별로일 때
- **비슷한말** (속담) 소문난 잔치에 먹을 것 없다.

 가 요란하다

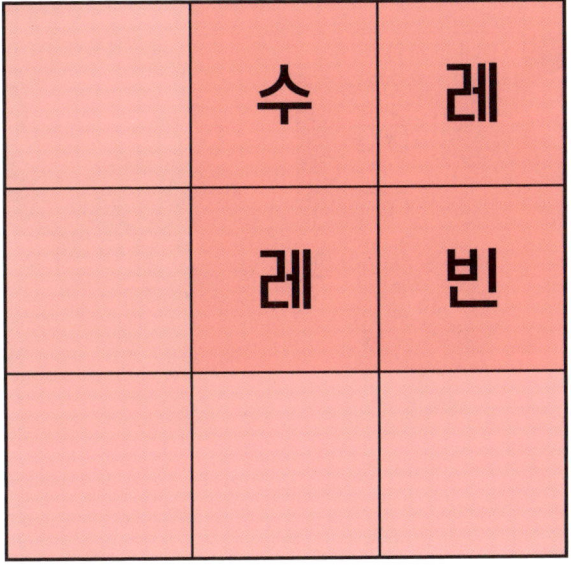

 난 여름 방학 동안 태권도, 바둑, 피아노 싹 다 마스터할 거야.

_____ 한 법인데….

 힌트 내용을 읽고 암호가 무엇을 나타내는지 써 보세요.

이름만 요란한 쇼핑 행사

지난 22일까지 열린 국내 최대 쇼핑 행사가 온라인보다 할인율이 크지 않아 소비자들의 외면을 받았다. ★ 수레● 요▲하다는 지적 또한 피하지 못했다.

★ _____ ● _____ ▲ _____

 **서로 자기주장만 내세워 일이 제대로 되지 않을 때**

중요도

⑬ 사공이 많으면 배가 산으로 간다

이런 뜻 한배에서 여러 명이 노를 저으면 배가 엉뚱한 곳으로 간다.

이럴 때 장기자랑 대회에서 의논만 하다가 아무것도 준비하지 못할 때

비슷한말 (속담) 목수가 많으면 기둥이 기울어진다.

  많으면 배가 산으로 간다

공	사	
		공
이		사

 노래방, PC방, 영화관… 각자 가고 싶은 곳이 다르니 결정할 수가 없어!

_____ 더니 오늘 나들이는 힘들겠군.

힌트 내용에 어울리는 어휘를 찾아 O 하세요.

학급 회의하는 법

학급에 문제가 생기면 서로의 생각을 자유롭게 말하되 다수결을 통해 의견을 하나로 모아야 한다. 사공이 많으면 배가 _____ 갈 수 있기 때문이다.

| 강 | 상 | 산 | 으 | 그 | 로 | 오 | 고 |

내용은 제대로 모르고 겉만 슬쩍 보고 넘길 때

중요도 ★★

수박 겉 핥기

- **이런 뜻** 수박을 먹는다면서 맛없는 껍질만 핥는다.
- **이럴 때** 설명서를 대충 보고 새로 산 로봇을 조립할 때
- **비슷한말** 거미줄로 방귀 동이듯

 수박 겉 핥 기

겉	기	
기	핥	

 말 속에서 써 보기

 너 이 책 제대로 읽은 거 맞아? 독후감이 책 내용과 반대야.

_____로 제목이랑 첫 장만 봤는데 딱 걸렸네.

 내용에서 유추하기

힌트 오늘 배운 속담과 연관된 어휘 1개를 찾아 O 하세요.

아무리 익숙하고 잘하던 일도 가끔 실수할 때

중요도 ★★

15 원숭이도 나무에서 떨어진다

이런 뜻 나무를 잘 타는 원숭이도 가끔은 떨어질 때가 있다.

이럴 때 평소에는 요리를 잘하다가 어느 날 프라이팬을 태울 때

비슷한말 (속담) 닭도 홰에서 떨어지는 날이 있다.

  도 나무에서 떨어진다

이	원	
		원
	숭	

 나만큼 인라인스케이트 잘 타는 사람을 본 적이 없는데 오늘따라 왜 이러지?

너무 속상해하지 마. _____ 질 수 있지.

힌트 오늘 배운 속담과 연관된 어휘 1개를 찾아 O 하세요.

 **지금 당장은 힘들어도 언젠가 좋은 날이 올 때**

16 쥐구멍에도 볕 들 날 있다

- **이런 뜻** 좁고 어두운 쥐구멍에도 햇빛이 들 때가 있다.
- **이럴 때** 이번 주 내내 되는 일이 없었는데 생각지도 않게 좋은 일이 생길 때
- **비슷한 말** (속담) 개똥밭에 이슬 내릴 때가 있다.

 쥐구멍에도   있다

들	볕	
볕		
날		

 어떻게 번번이 오디션에 떨어지지? 그것도 1차부터 말이야.

_____ 을 테니 희망을 가져!

힌트 내용에 어울리는 어휘를 찾아 ○ 하세요.

인생 역전한 할머니 너튜버 탄생

구수한 캐릭터로 100만 너튜버가 된 할머니가 있다. 홀로 자식을 키우며 40년 동안 식당을 운영하던 그녀는 '_____ 볕 들 날 있다'는 것을 증명해 냈다.

| 귀 | 쥐 | 위 | 구 | 멍 | 게 | 에 | 도 |

 기본이 되는 것보다 덧붙이는 게 더 많거나 클 때

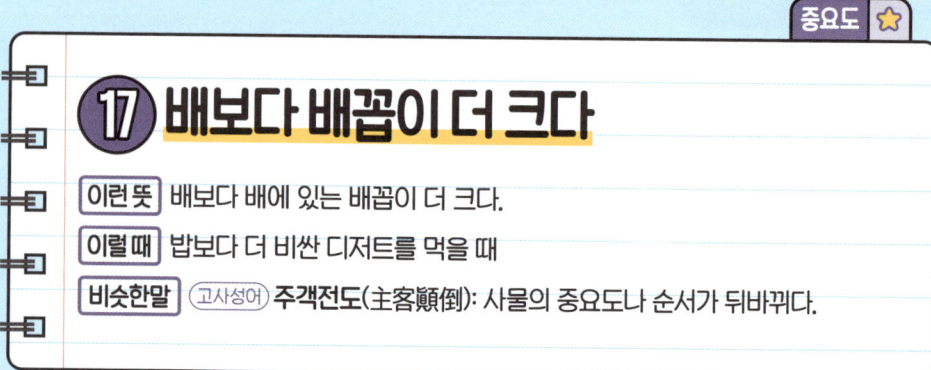

17 배보다 배꼽이 더 크다

이런 뜻 배보다 배에 있는 배꼽이 더 크다.
이럴 때 밥보다 더 비싼 디저트를 먹을 때
비슷한말 [고사성어] **주객전도**(主客顚倒): 사물의 중요도나 순서가 뒤바뀌다.

 배보다  더 크다

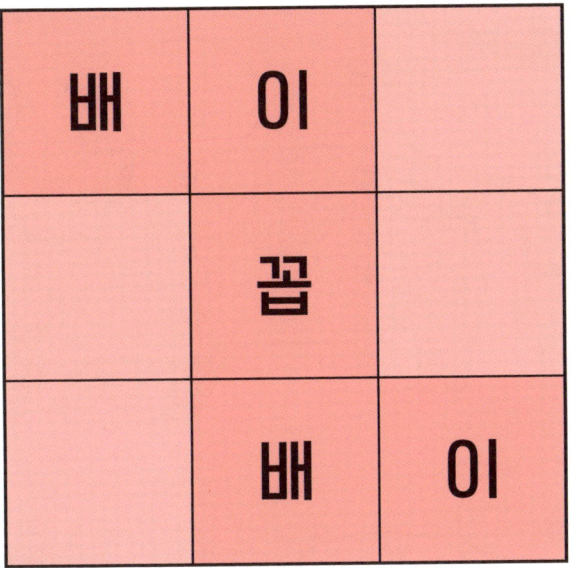

 이 돈가스 맛있겠지? 가격도 싸. 근데 비행기 타고 가야 해.

무슨 돈가스 하나 먹자고 그렇게 해? _____ 잖아!

힌트 내용에 어울리는 어휘를 찾아 ○ 하세요.

이건 어쩌면 기회인지도?

내가 아끼던 게임기가 고장이 났다. 그런데 수리비가 게임기 값보다 비쌌다. _____ 배꼽이 더 크니 엄마한테 새 게임기를 사 달라고 졸라 봐야겠다.

| 새 | 개 | 베 | 배 | 보 | 오 | 다 | 마 |

피해를 준 사람이 오히려 도와주는 척할 때

18 병 주고 약 준다

이런 뜻 병이 나게 해 놓고 나으라고 약을 준다.

이럴 때 친구 때문에 감기에 걸렸는데 신경 써 주는 척할 때

비슷한 말 (속담) 등 치고 배 만진다.

 병 주고 약 준 다

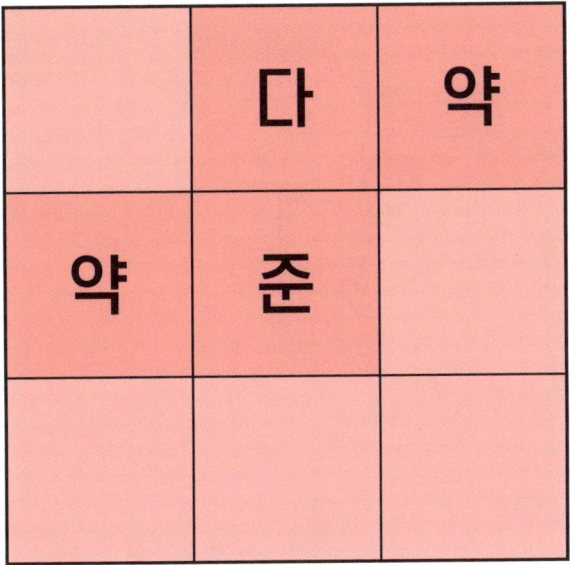

 말 속에서 써 보기

저런, 넘어졌잖아? 내가 반창고 빌려줄게.

네가 밀어서 다치게 해 놓고 _____ 주는 거야?

 내용에서 유추하기

힌트 오늘 배운 속담과 연관된 어휘 1개를 찾아 O 하세요.

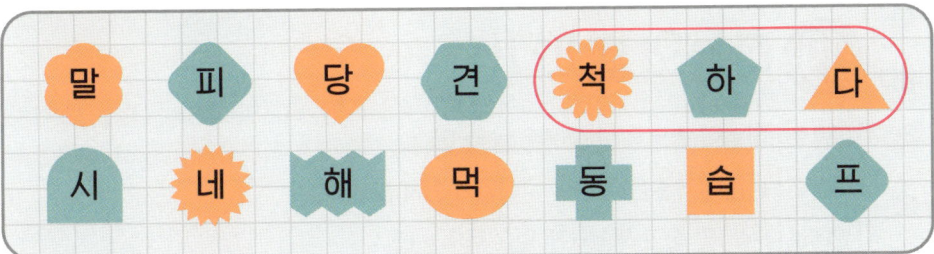

 ## 무엇을 얻거나 이루기가 무척 어려울 때

---

19 하늘의 별 따기

- **이런 뜻** 하늘의 별은 갖고 싶어도 딸 수 없다.
- **이럴 때** 농촌에서 젊은 일꾼을 구하기가 쉽지 않을 때
- **반대말** (속담) 땅 짚고 헤엄치기: 일이 매우 쉽다.

중요도 ⭐

 하늘의 별 따 기

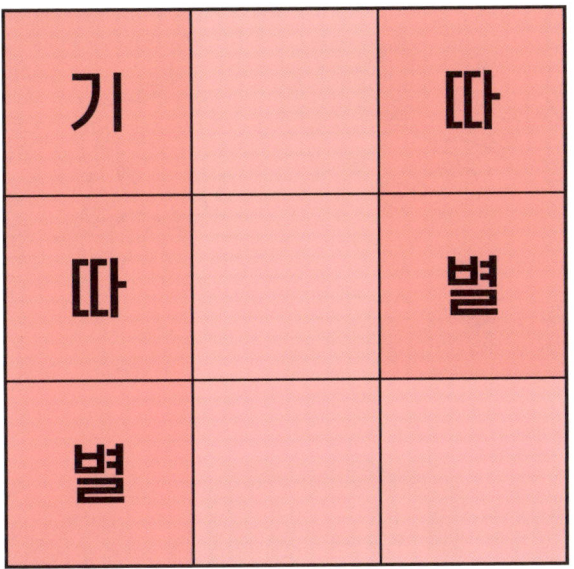

 에이브 팬 사인회에 가고 싶어!

경쟁이 치열해서 당첨되기가 _____ 만큼 어렵대.

(힌트) 내용에 어울리는 어휘를 찾아 ○ 하세요.

징검다리 연휴에 항공권 매진

개천절에서 추석까지 이어지는 황금연휴가 시작되면서 항공권 구하기가 _____ 별 따기가 됐다. 일부 남은 좌석의 가격도 평소보다 2배 이상 비쌌다.

| 수 | 우 | 해 | 하 | 주 | 늘 | 의 | 으 |

 나쁜 일을 몰래 계속하다 결국 들킬 때

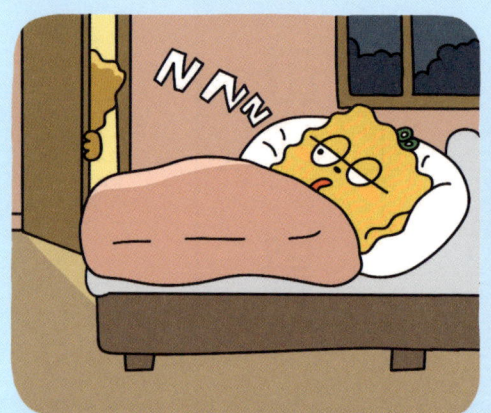

중요도 ⭐

20 꼬리가 길면 밟힌다

- **이런 뜻** 꼬리가 길수록 밟히기 쉽다.
- **이럴 때** 밤마다 몰래 컴퓨터 게임을 하다가 엄마한테 걸릴 때
- **비슷한 말** (속담) 고삐가 길면 밟힌다.

  길면 밟힌다

리		가
가	리	꼬

 내 가방에다 거미 넣은 사람 너지? 네가 거미 잡는 거 다 봤어!

_____ 히는구나. 다음에는 더 꼼꼼하게 준비해야지….

힌트 내용을 읽고 암호가 무엇을 나타내는지 써 보세요.

완전 범죄란 없어!

학교 담벼락에 낙서하던 범인이 드디어 잡혔다. 꼬★가 ●면 밟▲다더니 지갑이 떨어진 줄도 모르고 도망치다가 결국 교장 선생님한테 걸렸다.

★ ● ▲
___ ___ ___

 잘못을 저지른 사람이 도리어 큰소리칠 때

21 방귀 뀐 놈이 성낸다

- **이런 뜻** 자기가 방귀를 뀌어 놓고 오히려 남에게 화낸다.
- **이럴 때** 내 물건을 잃어버린 친구가 사과는커녕 성질낼 때
- **비슷한 말** (고사성어) **적반하장**(賊反荷杖): 잘못한 사람이 아무 잘못 없는 사람을 나무란다.

스도쿠로 익히기 방귀 뀐 놈이 성 낸 다

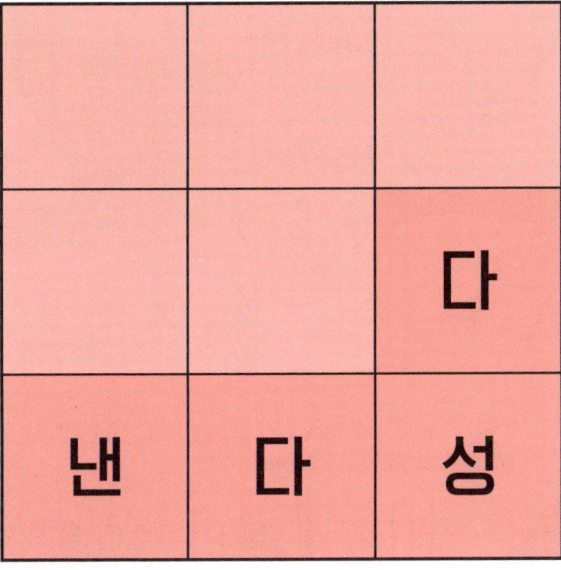

말 속에서 써 보기

돌진하는 자전거 때문에 넘어졌는데 오히려 나한테 화를 냈어!

_____ 더니 잘못한 쪽이 사과부터 해야지.

글 속에서 써먹기

힌트) 내용에 알맞은 어휘를 골라 보세요.

뻔뻔한 이웃

우리 할머니 감나무에서 감을 따 먹는 이웃을 보았다. 이건 도둑질이라고 했더니 인정머리 없다며 화를 냈다. (콧방귀 / 방귀) 뀐 놈이 (성낸다 / 화낸다)더니….

# 비밀스럽게 말해도 반드시 남의 귀에 들어갈 때

22. 낮말은 새가 듣고 밤말은 쥐가 듣는다

- **이런 뜻** 낮에 하는 말은 새가 듣고 밤에 하는 말은 쥐가 듣는다.
- **이럴 때** 아무도 없다고 생각해서 한 이야기가 새어 나갈 때
- **비슷한말** (속담) 발 없는 말이 천 리 간다.

 낮말은 새 가 듣 고 밤말은 쥐가 듣는다

	가		듣
고	듣	가	
가			
듣	고	새	

 급식실에서 우리 둘이 몰래 한 이야기를 매코미가 알고 있었어.

_____ 더니 더 조심하자.

힌트 내용을 읽고 암호가 무엇을 나타내는지 써 보세요.

인터넷에 신중하게 글을 쓰자!

인터넷에 글을 올릴 때는 주의해야 한다. 낮★은 새가 ●고 밤말은 ▲가 들을 수 있어서 나도 모르는 새 무분별하게 퍼질 수 있기 때문이다.

★ _____   ● _____   ▲ _____

 재주가 뛰어나도 그보다 더 잘난 사람이 있을 때

---

23 뛰는 놈 위에 나는 놈 있다

 ★★★

| 이런 뜻 | 땅 위에서 빨라도 날아다니는 새를 이길 수 없다.
| 이럴 때 | 줄넘기 2단 뛰기하는 나보다 더 잘하는 친구를 만났을 때
| 비슷한말 | 기는 놈 위에 나는 놈이 있다.

  에 나는 놈 있다

		뛰	놈
	뛰	위	
뛰			위
위	놈	는	

 쳇, 내가 제일 오래 잠수하는 줄 알았는데 송송이가 기록을 깼어.

_____으니까 앞으로는 겸손해지라고!

힌트 내용에 알맞은 어휘를 골라 보세요.

내가 최고인 줄 알았는데….
학교 대표로 발명 대회에 나갔다. (뛰는 / 자는) 놈 위에 (솟는 / 나는) 놈 있다고 진짜 과학자처럼 생활에 필요한 물건을 뚝딱뚝딱 만드는 아이들을 보니 긴장되었다.

 힘센 사람들의 싸움에 상관없는 약한 사람이 피해를 볼 때

24 고래 싸움에 새우 등 터진다

중요도 ★★★

이런 뜻 덩치 큰 고래들의 싸움에서 그 사이에 낀 새우 등만 터진다.

이럴 때 다른 친구의 싸움을 말리다가 얻어맞을 때

비슷한말 (속담) 두꺼비 싸움에 파리 치인다.

  에 새우 등 터진다

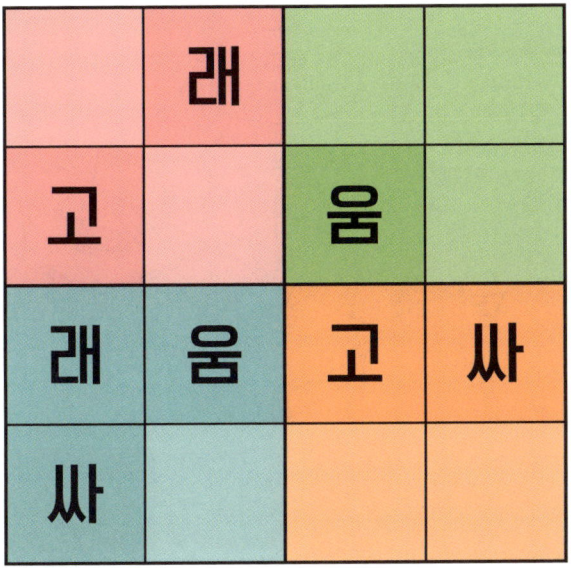

 오늘 우리 집에서 못 놀아. 엄마랑 아빠가 싸워서 분위기 별로야.

_____ 거네? 아쉽다.

힌트 내용에 어울리는 어휘를 찾아 O 하세요.

총알 없는 전쟁의 시작

세계 1, 2위를 다투는 미국과 중국의 무역 전쟁에 국내 기업이 어려움을 겪게 될 것으로 전망됐다. 이른바 고래 _____ 새우 등 터진 격이다.

| 좌 | 화 | 해 | 싸 | 움 | 에 | 애 | 게 |

 ## 사소한 잘못을 반복하다 큰 죄를 짓게 될 때

중요도 ★★★

25 바늘 도둑이 소도둑 된다

- **이런 뜻** 처음에는 작은 바늘을 훔치다 나중에는 큰 소까지 훔친다.
- **이럴 때** 친구 물건을 빌리고 돌려주는 것을 깜빡하다가 점점 쌓일 때
- **비슷한말** (속담) 개가 겨를 먹다가 말경 쌀을 먹는다.

  이 소도둑 된다

			도
	도	둑	늘
도		늘	둑
	늘		

 친구끼리 펜 좀 가져갈 수도 있지. 되게 쩨쩨하게 군다!

_____ 되는 거야. 조심해!

힌트 내용에 알맞은 어휘를 골라 보세요.

내가 왜 그랬을까?

탁자 위에 돈이 놓여 있었다. 마침 용돈이 떨어져 슬쩍했는데 엄마한테 들켰다. 엄마는 (바늘 / 마늘) 도둑이 (소 / 양)도둑 되는 거라며 크게 혼내셨다.

 무슨 일이든 시작이 중요할 때

중요도 ★★★

26 천 리 길도 한 걸음부터

- **이런 뜻** 아주 먼 천 리 길도 한 걸음 떼는 것부터 시작한다.
- **이럴 때** 정상에 오르기 위해 산을 오를 때
- **비슷한 말** (속담) 시작이 반이다.

도		천	
천	길	도	
리	천	길	

 겨우 백 원, 이백 원 모아서 언제 퀵보드 사려고?

야, 백 원이 모여 천 원 되는 거라고!

힌트) 오늘 배운 속담과 연관된 어휘 1개를 찾아 O 하세요.

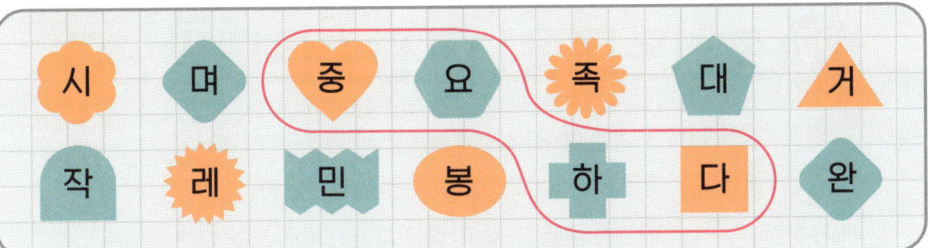

원인에 따라 그에 걸맞은 결과가 나타날 때

중요도 ★★★

27 콩 심은 데 콩 나고 팥 심은 데 팥 난다

- **이런 뜻** 콩을 심은 곳에는 콩이 나고, 팥을 심은 곳에 팥이 자란다.
- **이럴 때** 밤늦게 라면을 먹고 잤더니 다음 날 얼굴이 부을 때
- **비슷한말** 〔고사성어〕 **인과응보(因果應報)**: 좋은 일에는 좋은 결과, 나쁜 일에는 나쁜 결과가 따른다.

 **콩 심은데 콩 나고** 팥 심 은 데 **팥 난다**

			심
		데	은
	데	심	팥
팥	심		

 어떻게 하면 너튜브 구독자 수가 늘어날까?

_____ 나는 법이야. 재밌는 영상을 올려야지.

힌트 내용에 알맞은 어휘를 골라 보세요.

〈양치기 소년〉을 읽고 나서

양치기 소년은 툭 하면 거짓말을 했다. 그래서 진짜 늑대가 나타났다 외쳐도 아무도 믿지 않았다. (콩 / 꽃) 심은 데 콩 나고 (팥 / 콩) 심은 데 팥 난다고, 당연한 결과였다.

 작은 것이라도 모이면 큰 것이 될 때

중요도 ★★★

28 티끌 모아 태산

이런 뜻 아주 작은 먼지나 부스러기도 쌓이면 큰 산이 된다.

이럴 때 차곡차곡 포인트를 모아 원하는 물건과 교환할 때

비슷한말 (속담) 실도랑 모여 대동강이 된다.

  태산

			티
티	모	아	
		끌	아
	아	티	

 용돈받을 때마다 에이브 포토 카드를 샀더니 벌써 이만큼 모았어!

_____ 이잖아! 널 진짜 팬으로 인정할게.

힌트 내용을 읽고 암호가 무엇을 나타내는지 써 보세요.

용돈이 두 배로 늘어난 기분이야!

★끌 ●아 태▲이라고 심부름하고 남은 동전을 조금씩 모았더니, 어느새 오만 원이 되었다. 이 돈으로 무엇을 할지 상상만 해도 행복하다.

★ ____ ● ____ ▲ ____

 작은 것이 반복되다 큰일이 될 때

29 가랑비에 옷 젖는 줄 모른다

중요도 ★★★

[이런 뜻] 가늘게 내리는 비에 조금씩 젖다 보면 옷 젖는 줄 못 느낀다.

[이럴 때] 시간이 많이 남았다고 방학 숙제를 미루다가 개학 하루 전날이 될 때

[비슷한말] (속담) 곶감 꼬치에서 곶감 빼 먹듯

 가랑비에 옷 젖 는 줄 모른다

		는	
는		줄	옷
		옷	줄

 게임 아이템을 사느라 _____ 르고 용돈을 다 썼어!

나한테 빌려 달라고 하기 없기다?

힌트 내용에 알맞은 어휘를 골라 보세요.

오늘도 지각이야!

아침에 눈을 번쩍 떴는데 지각이었다. (보슬비 / 가랑비)에 (옷 / 혹) 젖는 줄 모르고 5분만, 10분만 하며 알람을 껐기 때문이다. 너무 당황스러웠다.

 어려웠던 시절을 잊고 처음부터 잘난 듯이 뽐낼 때

30 개구리 올챙이 적 생각 못 한다

중요도 ★★★

이런 뜻 개구리가 자신이 올챙이였던 때를 생각하지 못한다.

이럴 때 스케이트 초보였던 기억을 잊고 잘 못타는 친구를 비웃을 때

비슷한말 (속담) 거지가 밥술이나 뜨게 되면 거지 밥 한 술 안 준다.

 개구리 올 챙 이 적 생각 못 한다

	이		
적		이	올
챙	적		이
			적

 내가 드디어 구구단을 다 외웠어! 모르면 나한테 물어봐.

_____ 더니 되게 으스대네.

힌트) 오늘 배운 속담과 연관된 어휘 1개를 찾아 O 하세요.

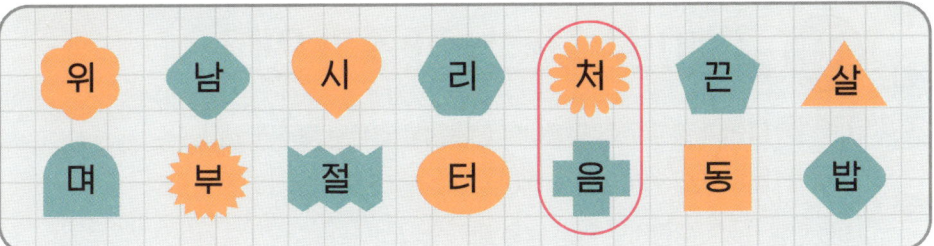

아무리 보잘것없는 사람도 재주가 있을 때

"아무것도 하기 싫어…."

"애벌레도 아니고 하루 종일 누워만 있네?"

"방해되니까 저리 비켜."

"근데 에이브 포토 카드 못 봤어? 내가 엄청 아끼는 거란 말이야. 한 달 동안 용돈 모아서 산 건데 어디로 간 거야!"

"혹시 저거 아냐?"

"굼벵이도 구르는 재주가 있다더니 고마워."

31 굼벵이도 구르는 재주가 있다

이런 뜻 다리가 짧고 느린 굼벵이도 데굴데굴 구르는 재주가 있다.

이럴 때 하루 종일 빈둥대던 동생이 잃어버린 내 물건을 찾아 줬을 때

비슷한말 (속담) 우렁이도 두렁 넘을 꾀가 있다.

  구르는 재주가 있다

		이	
굼	이	벵	
이	도		
		도	

 우리 집 앵무새가 내 말을 똑같이 따라 해!

시끄러운 줄만 알았는데 _____ 네.

힌트 오늘 배운 속담과 연관된 어휘 1개를 찾아 ○ 하세요.

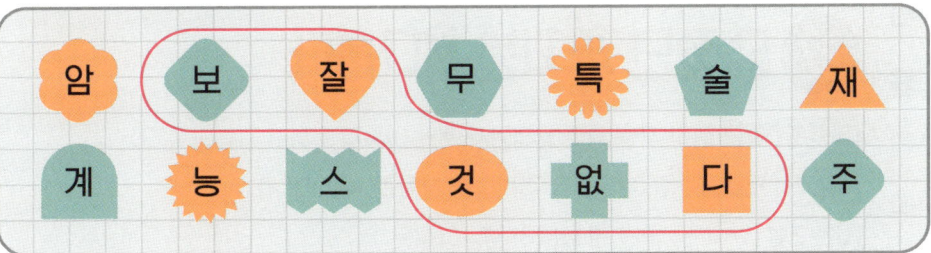

 **애쓰던 일이 실패로 돌아가 어쩔 도리가 없을 때**

32 닭 쫓던 개 지붕 쳐다본다

- **이런 뜻** 쫓던 닭이 지붕 위로 올라가자 개는 어쩌지 못하고 지붕만 쳐다본다.
- **이럴 때** 오랫동안 좋아하던 친구가 다른 사람과 사귈 때
- **비슷한말** 닭 쫓던 개 울타리 넘겨다보듯

중요도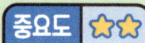

   지붕 쳐다본다

			개
닭		던	
개	닭		
던	쫓		닭

 매코미랑 연극 동아리 오디션을 봤는데 나만 떨어졌어.

너도 열심히 했는데 _____ 보게 됐네. 아쉽다.

힌트 내용을 읽고 암호가 무엇을 나타내는지 써 보세요.

이게 웬 운명의 장난인가!

새로 나온 보드 게임을 사려고 아침 일찍 문구점에 갔다. 그런데 내 바로 앞에서 물건이 다 팔렸다. 닭 쫓던 ★ 지● ▲다보는 꼴이 되었다.

★ _____ ● _____ ▲ _____

 **뜻하지 않은 상황에서 안 좋은 일을 당할 때**

중요도

㉝ 마른하늘에 날벼락

| 이런 뜻 | 맑게 갠 하늘에 난데없이 벼락이 친다.
| 이럴 때 | 쌩쌩 지나가는 택시 때문에 갑자기 물벼락을 맞을 때
| 비슷한 말 |  청천벽력(靑天霹靂): 예기치 못한 사건, 사고

  에 날벼락

 공원 앞 도로에 '싱크홀'이라고 큰 구멍이 생겼대.

_____ 이네. 아무도 안 다쳐서 다행이야.

힌트 내용에 어울리는 어휘를 찾아 O 하세요.

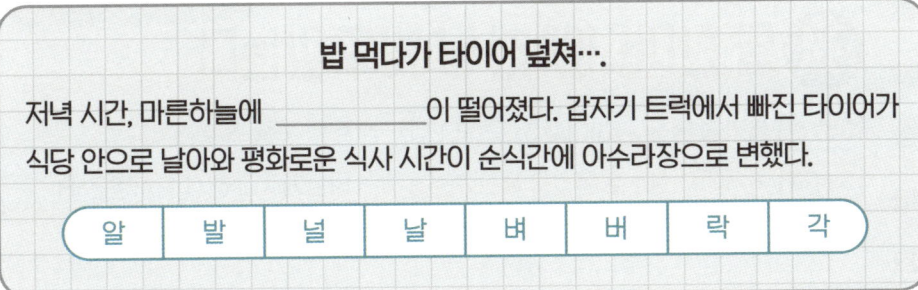

말을 잘해서 어려운 일도 해결할 수 있을 때

중요도 ★★

34 말 한마디에 천 냥 빚도 갚는다

- **이런 뜻** 듣기 좋은 말 한마디로 천 냥이나 되는 큰 빚도 갚을 수 있다.
- **이럴 때** 가게에서 실수로 물건을 깨뜨렸는데 예의 바르게 사과해서 용서받을 때
- **비슷한말** (속담) 말이 고마우면 비지 사러 갔다가 두부 사 온다.

 말 한마디에   빚 갚는다

	천	도	냥
	냥		빚
	빚	냥	도

 넌 나한테 가장 소중한 친구야. 속상하게 해서 미안해.

_____ 고 진심을 담아 사과하니 용서할게.

 힌트 오늘 배운 속담과 연관된 어휘 1개를 찾아 O 하세요.

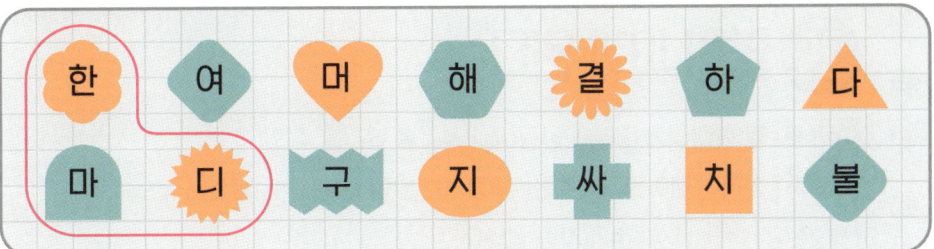

무심코 또는 늘 하던 말이 실제로 일어날 때

중요도 ★★

말이 씨가 된다

이런 뜻 말 한마디가 미래의 상황이나 결과를 불러올 수 있다.

이럴 때 성적이 떨어질 것 같다는 부정적인 말만 내뱉다가 시험을 망쳤을 때

비슷한 말 (속담) 세 치 혀가 사람 잡는다.

 말이 씨 가 된 다

씨	다	된	
	가		씨
가			
다	씨		된

넌 왜 맨날 거울 앞에서 예뻐지라고 주문을 외워?

_____ 잖아. 자꾸 말하다 보면 이루어질지도 몰라.

힌트 내용에 알맞은 어휘를 골라 보세요.

이게 웬 고생이야!

시험공부를 안 해서 배탈이라도 나면 좋겠다고 입버릇처럼 말했더니, 정말 배탈이 났다. (말 / 생각)이 (씨 / 열매)가 되는 바람에 화장실만 들락날락했다.

 잘될 줄 알았던 일이나 믿었던 사람에게 배신당할 때

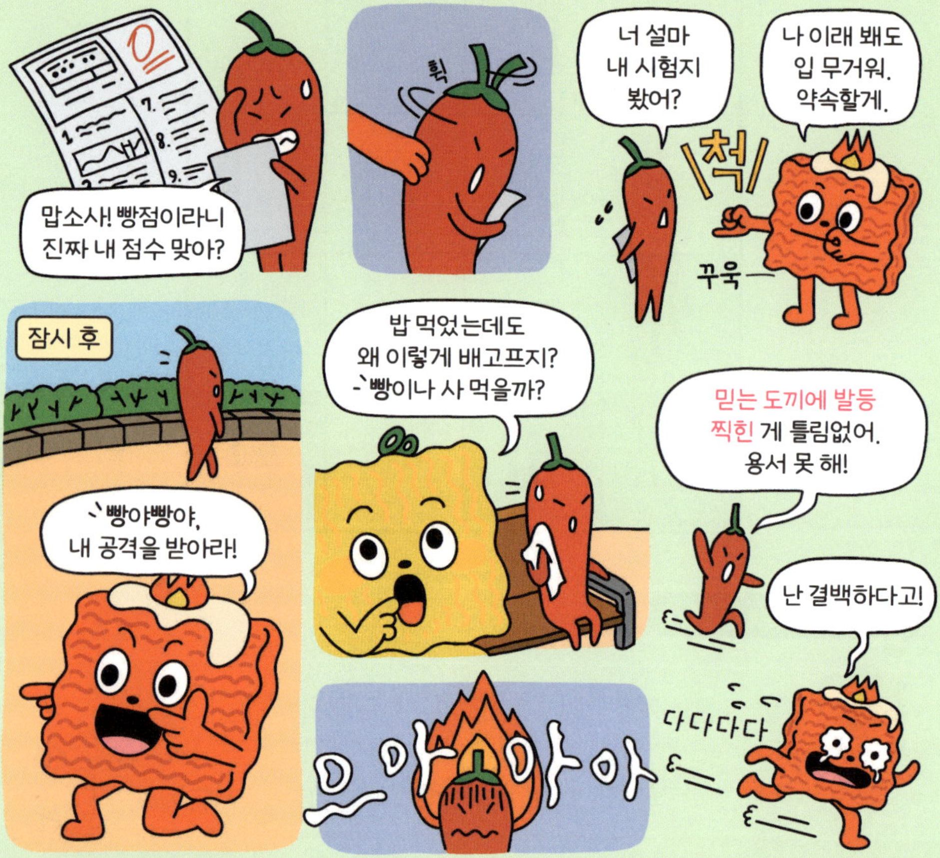

36 믿는 도끼에 발등 찍힌다

- **이런 뜻** 익숙하게 사용하던 도끼에 발등을 다친다.
- **이럴 때** 친한 친구가 내 비밀을 주위에 떠벌리고 다닐 때
- **비슷한말** (속담) 믿었던 돌에 발부리 채었다.

 믿 는 도 끼 에 발등 찍힌다

	는	끼	
	도		는
		도	끼
도		는	

뽀글이가 내 허락도 없이 SNS에 이상한 사진을 올렸어!

_____ 혔네. 왜 그랬담?

힌트 내용을 읽고 암호가 무엇을 나타내는지 써 보세요.

이게 바로 공기 반, 과자 반?

편의점에서 내가 좋아하는 감자칩을 샀다. 신나게 봉지를 뜯었는데 믿는 도★에 발● ▲힌 기분이었다. 개미가 먹어도 적다고 할 양이었다!

★ ___   ● ___   ▲ ___

 아무리 애를 써도 보람이 없을 때

짜짜네 집
흐음~
디저트 하나만 먹을게.

1시간 뒤
오, 못 보던 음식이 한가득이네?
네가 내 간식을 다 먹어서 다시 채웠잖아! 냉장고 좀 그만 열어.

꺅~
그럼 이번엔 딱 몇 개만 더 먹을게.

3시간 뒤
휑~
이게 뭐야? 기껏 다시 사다 놨는데 너 때문에 밑 빠진 독에 물 붓기가 됐잖아!

중요도

 밑 빠진 독에 물 붓기

이런 뜻	밑이 깨진 항아리에 물을 부어 봐야 채울 수 없다.
이럴 때	졸린 상태에서 계속 책을 읽을 때
비슷한말	(속담) 한강에 돌 던지기

 에 물 붓기

진	빠	밑	
			빠
독	밑		
	진		밑

 왜 몸무게가 그대로일까? 운동도 열심히 했는데….

계속 야식을 먹으면 _____ 라고 했잖아.

(힌트) 내용에 어울리는 어휘를 찾아 ○ 하세요.

복습을 철저히 하자!

수업 시간에 아무리 집중해도 스스로 확인하지 않으면 밑 빠진 독에 물 _____ 나 다름없다. 복습을 하면 배운 내용을 완벽하게 내 것으로 만들 수 있다.

| 갖 | 찾 | 쏟 | 붓 | 이 | 기 | 지 | 개 |

 **아는 게 많고 훌륭한 사람일수록 겸손할 때**

38 벼 이삭은 익을수록 고개를 숙인다

이런 뜻 벼 이삭은 처음에는 꼿꼿하지만 알맹이가 찰수록 무거워져 수그린다.
이럴 때 퀴즈 대회에서 1등 했는데도 오히려 다른 참가자를 치켜세울 때
비슷한말 (속담) 물이 깊을수록 소리가 없다.

 벼 이삭은 익 을 수 록 고개를 숙인다

	을	익	록
록		수	
	수		
	록		수

 내가 우리 학교 공부왕인 거 알지? 모르는 거 있으면 다 나한테 물어봐.

_____는데 넌 왜 그래?

힌트 오늘 배운 속담과 연관된 어휘 1개를 찾아 O 하세요.

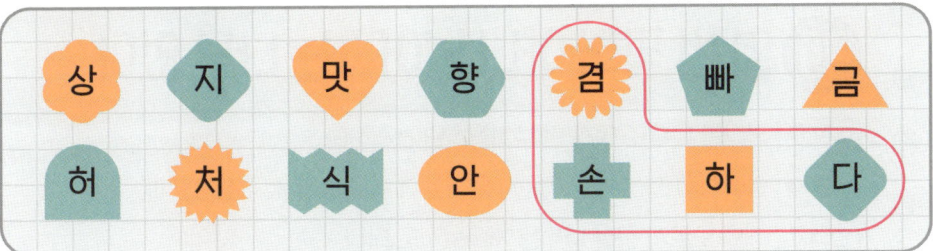

불가능해 보이는 일도 끈질기게 시도하면 이루어질 때

중요도

39 열 번 찍어 아니 넘어가는 나무 없다

- **이런 뜻** 커다란 나무도 여러 번 도끼질하면 쓰러진다.
- **이럴 때** 아빠한테 최신 게임기를 사 달라고 계속 졸라서 결국 성공할 때
- **반대말** (속담) 오르지 못할 나무는 쳐다보지도 마라.

   아니 넘어가는 나무 없다

열	번		어
		열	
번	열		
	어		열

 드디어 댄스 학원에 다닌다며? 어떻게 엄마를 설득했어?

_____고 내 정성이 통한 거지.

힌트 내용에 알맞은 어휘를 골라 보세요.

〈에이브러햄 링컨〉을 읽고 나서

링컨은 정치인을 뽑는 선거에서 무려 아홉 번이나 떨어졌다. 하지만 열 번 (차서 / 찍어) 아니 넘어가는 (나무 / 기둥) 없다는 의지로 끝까지 도전하여 마침내 당선되었다.

 한 가지 일을 꾸준히 해야 성공할 때

중요도

④ 우물을 파도 한 우물을 파라

- **이런 뜻** 물을 구하려고 땅을 여기저기 파다 보면 우물 하나도 제대로 팔 수 없다.
- **이럴 때** 야구 선수만을 꿈꾸며 초등학교, 중학교 야구부에서 실력을 갈고닦을 때
- **비슷한 말** [고사성어] 우공이산(愚公移山): 끊임없이 노력해서 큰일을 이루다.

 우물을 파도 한 우 물 을 파라

	물	을	
	우	물	
물	한		을
우			

 계이름 외우기도 어렵고 피아노는 그만 칠래. 발레 학원이나 다닐까?

_____고! 일단 시작했으면 끝까지 해 봐.

힌트) 오늘 배운 속담과 연관된 어휘 1개를 찾아 O 하세요.

당장 듣기 싫은 충고라도 새겨들으면 도움이 될 때

41 입에 쓴 약이 몸에 좋다

이런 뜻	써서 먹기 힘든 약일수록 건강에 이롭다.
이럴 때	친구의 충고가 따끔하지만 오히려 건강을 지키는 데 도움이 될 때
반대말	(고사성어) 감언이설(甘言利說): 상대방을 꾀기 위해 듣기 좋은 말을 내세우다.

중요도 ★★

  이 몸에 좋다

쓴		에	입
	에		
에	입	약	
	쓴		에

 똑같은 말을 몇 번 해? 스마트폰 그만 볼 테니까 잔소리 그만해!

_____는 말도 몰라?

힌트) 오늘 배운 속담과 연관된 어휘 1개를 찾아 O 하세요.

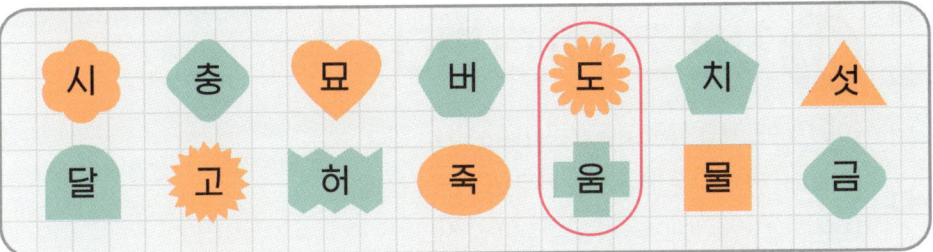

몸집이 작은 사람이 큰 사람보다 재주가 뛰어날 때

- 오랜만에 실력 발휘 좀 해 볼까?
- 새로운 모습 기대해도 되나요?
- 신기록 달성하면 대왕 인형 준대.
- 나 저거 갖고 싶어!
- 와~
- 뚜두둑! 탁탁~
- 250
- 내 주먹맛을 봐라!
- 저게 뭐야?
- 이 영광을 그대에게 바칩니다.
- 어쩔 수 없지. 내가 나서는 수밖에….
- 이야야얍!
- 770
- 웬일이야!
- 느끼해.
- 확실히 작은 고추가 더 맵네.

중요도 ★★

 작은 고추가 더 맵다

이런 뜻 크기가 작은 고추가 큰 고추보다 더 맵다.

이럴 때 키가 작은 친구가 큰 친구보다 힘이 셀 때

비슷한말 (속담) 거미는 작아도 줄만 잘 친다.

고		추	
	추	은	
은	고		추
	작		

 우리 중에서 제일 용감한 사람이 누구게?

_____고 추추잖아. 귀신도 안 무서워하던걸?

힌트 내용을 읽고 암호가 무엇을 나타내는지 써 보세요.

봄철 건강의 최대 적, 미세 먼지

지난겨울부터 시작된 미세 먼지로 뿌연 하늘이 계속되고 있다. ★은 고추● 더 ▲다는 것을 보여 주는 미세 먼지로 인해 호흡기 환자 또한 늘고 있다.

★_____   ●_____   ▲_____

아무리 순하고 조용한 사람도 무시하면 화를 낼 때

맛있는 냄새! 어디서 나는 거지?

그러게. 뭔가 익숙한데?

나 천 원만 빌려줘. 용돈 받으면 갚을게.

또 빌려 달라고?

문구점 / **다음 날**

오천 원만 빌려줄래?

없어! 어제 빌린 거나 갚아.

이번에 슬라임이 새로 나왔는데 용돈을 다 써 버렸네?

너 맨날 저금하는 거 다 알거든? 진짜 치사하다.

지렁이도 밟으면 꿈틀한댔어! 너랑 안 놀아!

중요도 ★★

㊸ 지렁이도 밟으면 꿈틀한다

이런 뜻 작고 하찮은 지렁이도 밟으면 꿈틀거린다.

이럴 때 착한 친구를 함부로 대하다가 친구가 결국 폭발할 때

비슷한말 (속담) 쥐도 궁지에 몰리면 고양이를 문다.

  밟으면 꿈틀한다

	이	도	렁
도	렁	지	
			지
이	지		

 추추는 내가 심부름꾼인 줄 아나 봐. 계속 부려 먹어!

_____ 고 뜨거운 맛을 보여 줘!

힌트 내용에 알맞은 어휘를 골라 보세요.

뽀글이에게

왜 점심시간마다 맛있는 음식이 나오면 내 것까지 뺏어 먹는 거야? 한 번 더 그러면 (우렁이 / 지렁이)도 밟으면 (꿈틀한다 / 아파한다)는 것을 보여 주겠어!

 어려운 일도 참고 견디다 보면 좋은 날이 올 때

고생 끝에 낙이 온다

중요도 ★★

 힘든 일을 겪은 뒤에는 반드시 좋은 일이 생긴다.

이럴때 혹독한 훈련 끝에 올림픽 대회에서 금메달을 딸 때

비슷한말 (속담) 쥐구멍에도 볕 들 날 있다.

 **스도쿠로 익히기** 고생 끝에 낙 이 온 다

	온	다	이
이	다		
	낙		다
다			온

 **말 속에서 써 보기**

 비염 때문에 꼬박 일 년을 치료받았더니 이제 다 나았어.

힘들었겠다. _____ 왔네.

 **글 속에서 유추하기**

 내용을 읽고 암호가 무엇을 나타내는지 써 보세요.

사랑해요, 에이브!

인별에서 에이브한테 메시지가 왔다. 그동안 응원해 줘서 고맙다는 인사였다.
★생 끝●▲이 온다더니 메시지를 백 번 보내고 받은 답장이라 너무 소중했다.

★____ ●____ ▲____

 **부지런히 노력하는 사람이 계속 발전할 때**

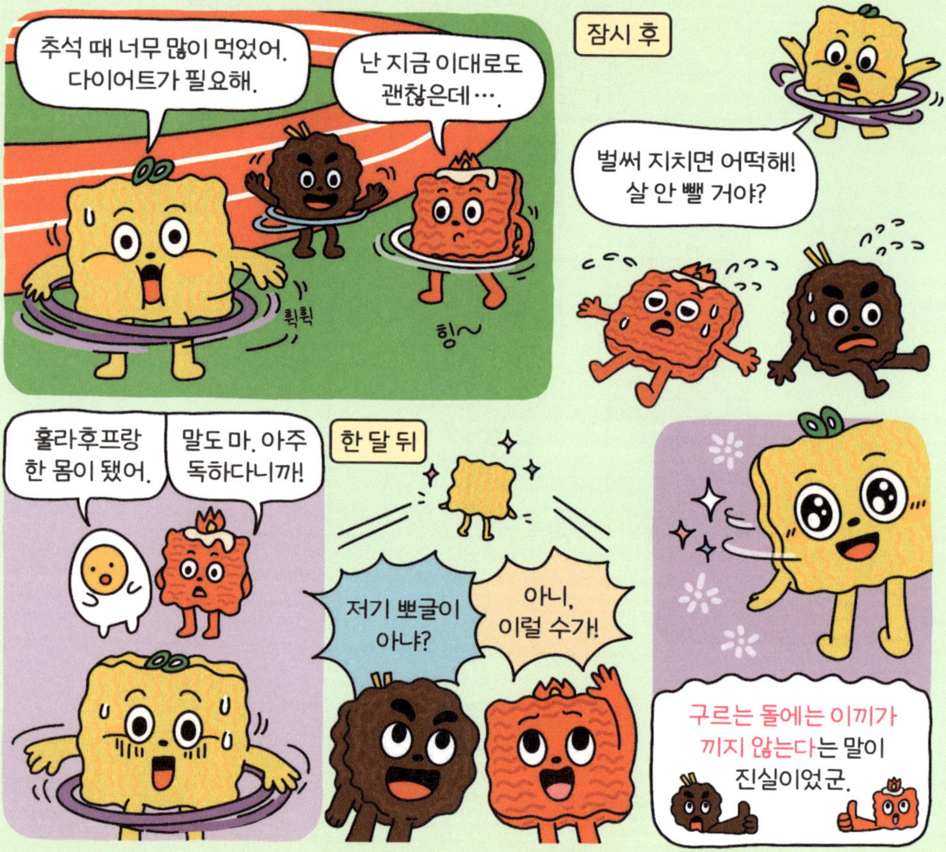

---

45 구르는 돌에는 이끼가 끼지 않는다

- **이런 뜻** 계속 굴러다니는 돌에는 이끼가 낄 틈이 없다.
- **이럴 때** 매일 열심히 운동해서 다이어트에 성공할 때
- **비슷한 말** (속담) 흐르는 물은 썩지 않는다.

  에는 이끼가 끼지 않는다

돌		구	르
구			
	구		는
는			구

 노래 실력이 몰라보게 좋아졌는데? 너 음치였잖아.

_____고 오랫동안 연습 좀 했지.

힌트 내용에 어울리는 어휘를 찾아 O 하세요.

이대로 나도 100만 너튜버?

매일 너튜브에 영상을 한 편씩 올렸더니 구독자가 늘어났다. 재밌다고 응원해 주는 댓글도 많았다. 구르는 돌에는 _____ 끼지 않는다더니 노력한 보람이 있다.

| 이 | 곰 | 끼 | 팡 | 가 | 세 | 는 | 균 |

매우 무식해서 아는 것이 없을 때

---

46 낫 놓고 기역 자도 모른다 ★★

이런 뜻 기역 자 모양의 낫을 보고도 기역 자를 모른다.
이럴 때 아무리 힌트를 줘도 퀴즈의 정답을 맞히지 못할 때
비슷한 말 (속담) 기역 자 왼 다리도 못 그린다.

스도쿠로 익히기 낫 놓고 기 역 자 도 모른다

	역	도	
기		역	자
역	자	기	

말 속에서 써 보기

 화장실이 어딨지? 급해 죽겠는데 안 보여.

여기 TOILET이라고 써 있잖아. _____르네.

글 속에서 유추하기

힌트) 내용을 읽고 암호가 무엇을 나타내는지 써 보세요.

〈주시경〉을 읽고 나서

주시경은 낫 ★고 ●역 자도 ▲르는 사람들에게 쉽게 한글을 가르칠 방법을 끊임없이 고민했다. 한글을 널리 알리기 위해 노력하는 모습이 존경스러웠다.

★ _____   ● _____   ▲ _____

 크게 될 사람은 어려서부터 남다를 때

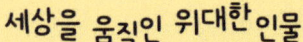

모차르트는 네 살 때부터 작곡을 했대.

아인슈타인은 어린 시절 수학 문제를 척척 풀었대.
$E=mc^2$ 1879-1955

될성부른 나무는 떡잎부터 알아본다고 천재들은 어릴 때부터 남달랐네.

그러고 보니 넌 유치원 다닐 때도 먹는 것을 엄청 밝혔잖아. 나중에 식탐 왕이 되려나?

너도 만만치 않거든?

똑똑한 척, 멋진 척을 좋아하니 잘난 척 대마왕이 되겠지!
버럭

중요도 ★★

㊼ 될성부른 나무는 떡잎부터 알아본다

이런 뜻 | 잘 자랄 나무는 떡잎만 봐도 알 수 있다.

이럴 때 | 어릴 적부터 피아노를 잘 치더니 커서 뛰어난 음악가가 될 때

반대말 | 관용어 싹수가 노랗다: 잘될 가능성이나 희망이 애초부터 안 보이다.

 될성부른 나무는 떡 잎 부 터 알아본다

떡	부		잎
터	잎	부	
잎			
		잎	

 윗집 오빠가 경찰이 됐대. 맨날 나 괴롭히는 친구들 혼내줬는데….

_____는 말이 맞네.

힌트 내용에 알맞은 어휘를 골라 보세요.

누굴 닮아서 똑똑할까?

우리 집 강아지는 스위치의 위치를 알려 주면 켜고 끄는 흉내를 낸다. 될성부른 (장작 / 나무)는 (떡잎 / 씨앗)부터 알아본다고, 분명 명견이 될 것 같다.

 **자기가 급하면 매달리다 지나고 나면 모른 척할 때**

> 중요도

48 똥 누러 갈 적 마음 다르고 올 적 마음 다르다

이런 뜻 화장실 들어갈 때와 나올 때의 마음이 다르다.

이럴 때 볼일이 급하면 사정하다가 볼일을 보고 나니 입을 싹 닫을 때

비슷한말 (속담) 달면 삼키고 쓰면 뱉는다.

   적 마음 다르고 올 적 마음 다르다

	갈	누	똥
		똥	갈
갈	똥		누

 추추가 자이로드롭이 무섭대서 같이 타 줬는데 아무런 인사도 없어.

원래 _____른 거야.

힌트 오늘 배운 속담과 연관된 어휘 1개를 찾아 ○ 하세요.

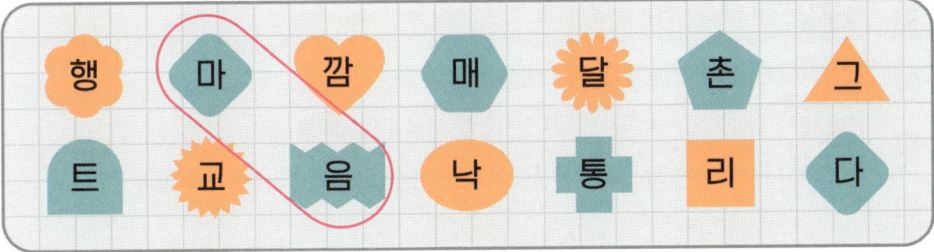

 **미울수록 친절히 대해서 잘 지내도록 노력할 때**

49 미운 아이 떡 하나 더 준다

이런 뜻	미운 사람에게 화내는 대신 떡을 준다.
이럴 때	짓궂게 장난치는 친구지만 내 음식을 양보할 때
반대말	**예쁜 자식 매로 키운다**: 사랑하는 자식일수록 엄하게 키워야 한다.

  떡 하나 더 준다

 동생이 내 스케치북에 낙서했는데 잘 그렸다고 칭찬해 줬어.

주다니 대단한걸?

힌트 내용에 알맞은 어휘를 골라 보세요.

추추는 정말 못 말려!

추추와 난 만나기만 하면 티격태격한다. 오늘은 (고운 / 미운) 아이 (콩 / 떡) 하나 더 준다는 마음으로 상냥하게 대했더니 내가 자기를 좋아한다고 동네방네 소문을 냈다.

 말을 조심해야 할 때

중요도 ★★

50 발 없는 말이 천 리 간다

이런 뜻 사람의 말은 발이 없어도 순식간에 멀리까지 퍼진다.

이럴 때 친구와 단둘이 나눈 이야기가 소문이 날 때

비슷한말 (속담) 낮말은 새가 듣고 밤말은 쥐가 듣는다.

  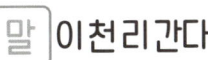이천리 간다

		말	발
	말	없	는
	는	발	없

 막대 과자 데이에 짜짜한테만 초콜릿 줬다며?

_____ 더니 비밀이 없네.

힌트 오늘 배운 속담과 연관된 어휘 1개를 찾아 ○ 하세요.

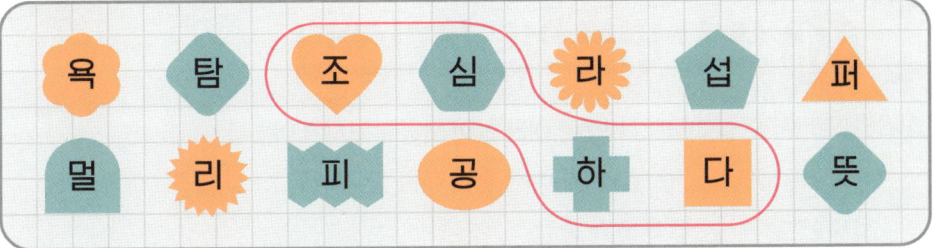

어릴 때부터 나쁜 습관이 생기지 않도록 조심해야 할 때

중요도 ★★

51 세 살 버릇 여든까지 간다

이런 뜻 세 살 때 생긴 버릇은 여든 살이 되어도 고치기 어렵다.

이럴 때 가벼운 거짓말을 장난처럼 쉽게 하는 친구한테 그러지 말라고 얘기할 때

비슷한말 (속담) 제 버릇 개 줄까.

 여든까지 간다

		살	릇
	살	세	버
	세		
살		버	

 _____ 더니 아직도 콩만 쏙쏙 빼는 거야?

편식하는 습관이 잘 안 고쳐지네.

힌트 내용에 알맞은 어휘를 골라 보세요.

쓰고 난 물건은 제자리에 두자!

엄마는 (두 / 세) 살 버릇 (여든 / 무덤)까지 간다며 물건을 쓰고 나면 꼭 제자리에 두라고 했다. 그런데 깜빡하고 아무 데나 둬서 약속 시간에 늦을 뻔했다.

 자신의 분수를 모르고 무조건 남을 따라 할 때

52 숭어가 뛰니까 망둥이도 뛴다

- **이런 뜻** 숭어가 물 밖으로 뛰니 망둥이도 따라 뛰려고 한다
- **이럴 때** 친구가 비싼 가방을 샀다고 덩달아 살 때
- **비슷한 말** (고사성어) **부화뇌동**(附和雷同): 줏대 없이 남의 의견에 따라 움직인다.

스도쿠로 익히기 숭어가 뛰니까 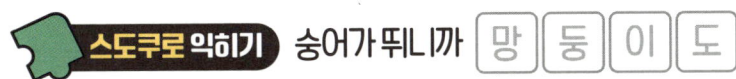 뛴다

이		망	
둥		이	
망		도	이
	이		

말 속에서 써 보기

 요즘 인기 있는 모자라는데 괜히 샀나 봐. 나랑 안 어울리는 것 같아.

고 유행을 너무 쫓지 마!

글 속에서 유추하기

 힌트 내용을 읽고 암호가 무엇을 나타내는지 써 보세요.

공부는 너무 어려워!

상위권 친구들이 간다는 유명 학원에 갔다. 그런데 ★어가 ●니까 망둥이▲ 뛴 꼴이었을까? 무슨 말인지 하나도 이해가 안 됐다.

★ _____   ● _____   ▲ _____

 가격이나 노력이 같다면 더 좋은 것을 선택해야 할 때

53 같은 값이면 다홍치마

- **이런 뜻** 값이 같다면 예쁜 치마가 더 좋다.
- **이럴 때** 같은 가격의 도시락이라면 무언가 더 주는 것으로 고를 때
- **비슷한말** (속담) 같은 값이면 껌정소 잡아먹는다.

 **스도쿠로 익히기** 같은 값이면 다 홍 치 마

		치	다
치		홍	
홍	마		
		마	홍

 **말 속에서 써 보기**

 둘 중 어떤 잠옷을 고를까? 다 마음에 들어.

_____지. 왼쪽이 더 부드럽고, 너한테 어울리는걸.

 **글 속에서 써먹기**

힌트 내용에 어울리는 어휘를 찾아 O 하세요.

여행지를 고르는 법

즐겁고 안전한 여행을 하려면 여행지가 중요하다. 같은 _____
다홍치마라고, 볼거리가 많고 날씨의 영향을 덜 받는 곳으로 선택하면 좋다.

갑	값	양	이	요	면	명	마

행동에 옮기지 못할 일을 두고 쓸데없이 의논만 할 때

54 고양이 목에 방울 달기

- **이런 뜻** 고양이 목에 방울을 달겠다고 나서는 쥐가 아무도 없다.
- **이럴 때** 야구하다가 남의 집 창문을 깨서 사과해야 하는데, 다들 눈치만 볼 때
- **비슷한말** 고사성어 탁상공론(卓上空論): 실제로 될 리 없는 헛된 이야기

 고양이 목에 방 울 달 기

	기		
달			
기		울	달
울			방

 육상부 형들 때문에 운동장에 놀 곳이 없어. 누가 말해 볼래?

_____ 다 보니 아무도 나서질 않네.

힌트 오늘 배운 속담과 연관된 어휘 1개를 찾아 ○ 하세요.

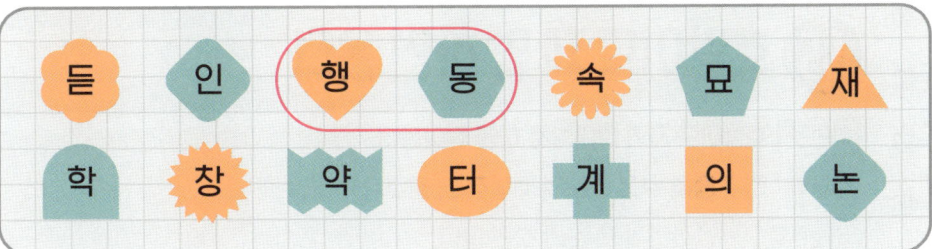

| 듣 | 인 | (행 | 동) | 속 | 묘 | 재 |
| 학 | 창 | 약 | 터 | 계 | 의 | 논 |

 누군가에 대해 말하는데 하필 그 사람이 나타날 때

중요도

55 호랑이도 제 말 하면 온다

이런 뜻 호랑이도 자기 이야기를 하면 찾아온다.

이럴 때 친구 흉을 보고 있는데 때마침 그 친구가 나타날 때

비슷한말  까마귀 제 소리 하면 온다.

 호랑이도 제 말 하 면 온다

하	면		제
			면
말		면	하
	하	제	

 매코미 보고 싶다. 여행 갔다가 언제 돌아온댔지?

_____고 깨톡이 왔어! 지금 집 앞이래.

힌트 내용에 알맞은 어휘를 골라 보세요.

쥐도 새도 모르게 나타난 뽀글이

뽀글이 때문에 학예회를 망쳤다고 수군댔는데, 갑자기 뽀글이가 교실로 들어왔다. (호랑이 / 코끼리)도 제 (말 / 욕) 하면 온다더니…. 깜짝 놀라서 딸꾹질이 났다.

 뜻밖에 좋은 물건이나 행운을 만날 때

"에이브 팬 사인회에 당첨되다니 가문의 영광이야!"

"지금 꿈 아니지? 내 볼 좀 꼬집어 봐."

"저 번호를 가진 사람은 오늘 하루 동안 에이브랑 같이 시간을 보낼 수 있대."

"맙소사! 내 번호잖아!"

"정말 팬이에요!"

"오늘 악수한 손은 절대 씻지 않을게요!"

"세상에 이런 일이 있다니…. 호박이 넝쿨째로 굴러떨어졌어!"

중요도 ⭐

 호박이 넝쿨째로 굴러떨어졌다

이런 뜻 열매부터 잎, 줄기까지 쓸모 많은 호박이 통째로 생기다.

이럴 때 생각지도 않았는데 할머니한테 용돈을 많이 받았을 때

비슷한 말 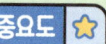 아닌 밤중에 찰시루떡

 호박이 굴러떨어졌다

넝	째		로
로			넝
째			쿨
쿨		넝	

 나 이번에 공짜 영화 이벤트에 당첨됐대!

_____지다니 부럽다.

힌트 내용을 읽고 암호가 무엇을 나타내는지 써 보세요.

송송이에게

네가 하도 방이 더럽다고 해서 대청소를 했어. 그런데 잃어버린 줄 알았던 양말과 게임기를 찾았어. ★박이 넝쿨째● 굴러▲어지는 기분이 뭔지 제대로 알았지.

★ _____   ● _____   ▲ _____

 잠깐 도움이 되지만 효과가 오래가지 못하고 더 나빠질 때

57 언 발에 오줌 누기

이런 뜻 언 발을 녹이려고 오줌을 누면 잠깐은 따뜻해도 꽁꽁 얼고 만다.

이럴 때 시험 전날 벼락치기로 외워서 성적은 올랐지만 머리에 남는 게 없을 때

비슷한 말 (속담) 눈 가리고 아웅, 아랫돌 빼서 윗돌 괸다.

 언 발에

		누	줌
	누	오	
		기	
	기	줌	누

 추추랑 싸우고 등굣길에 만났는데 아무 일 없던 것처럼 인사했어.

대충 넘어가는 건 _____ 야. 속마음을 얘기해 봐.

힌트 내용에 어울리는 어휘를 찾아 O 하세요.

10월부터 버스 가격 요금 인상

메가시는 시내버스 요금을 인상한다고 밝혔다. 버스 이용객 수가 줄어들자 내놓은 해결책이지만 언 _____ 오줌 누기 정책에 불과하다고 지적받고 있다.

| 손 | 발 | 알 | 네 | 에 | 세 | 가 | 는 |

 큰 허물이 있는 사람이 작은 허물을 가진 사람을 비웃을 때

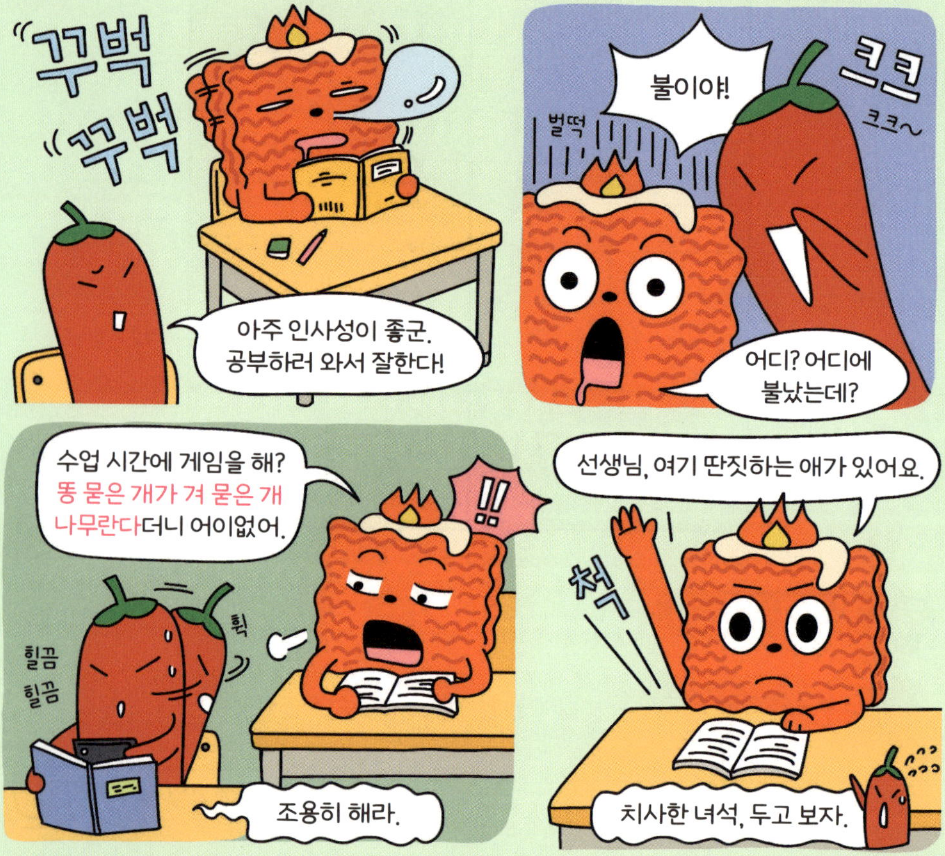

58 똥 묻은 개가 겨 묻은 개 나무란다

이런 뜻 똥 묻은 개가 겨우 곡식 껍질인 겨 묻은 개를 지저분하다고 흉본다.

이럴 때 자기는 수업 시간에 딴짓하면서, 조는 친구를 나무랄 때

비슷한 말  가랑잎이 솔잎더러 바스락거린다고 한다.

 똥 묻은 개가   나무란다

	개	은	겨
은		개	
			개
		겨	은

 너 세수 안 했지? 눈곱 좀 떼!

넌 목욕 안 한 지 일주일째잖아. _____ 라네.

힌트 오늘 배운 속담과 연관된 어휘 1개를 찾아 ○ 하세요.

말 한마디, 행동 하나로 어떤 사람인지 알 수 있을 때

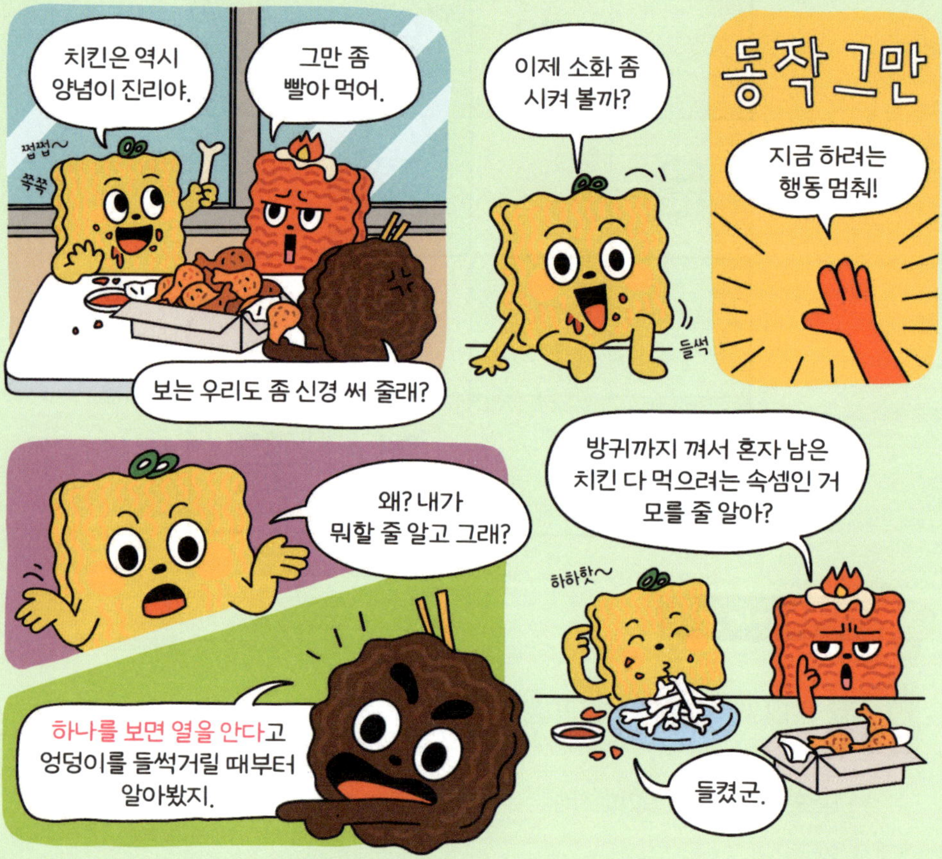

59 하나를 보면 열을 안다

이런 뜻 한 가지만 봐도 나머지를 미루어 짐작할 수 있다.

이럴 때 친구의 가지런한 필통을 보고 책상 정리도 잘할 거라고 생각할 때

비슷한말 (속담) 될성부른 나무는 떡잎부터 알아본다.

 하나를 보면 을 다

을	열	안	
	다	열	을
다	안		

짜짜 노트 좀 봐. 엄청 깔끔하게 정리했어.

_____고 얼마나 성실하고 꼼꼼한지 알겠어.

힌트 내용에 알맞은 어휘를 골라 보세요.

오늘은 되는 일이 없어!

수업 시간에 떠드는 바람에 복도에서 벌을 섰다. 바로 그때 내가 짝사랑하는 친구가 지나가며 (하나 / 둘)를 보면 (열 / 백)을 안다는 듯 한심하게 나를 쳐다봤다.

 맞서 봤자 도저히 이길 수 없을 때

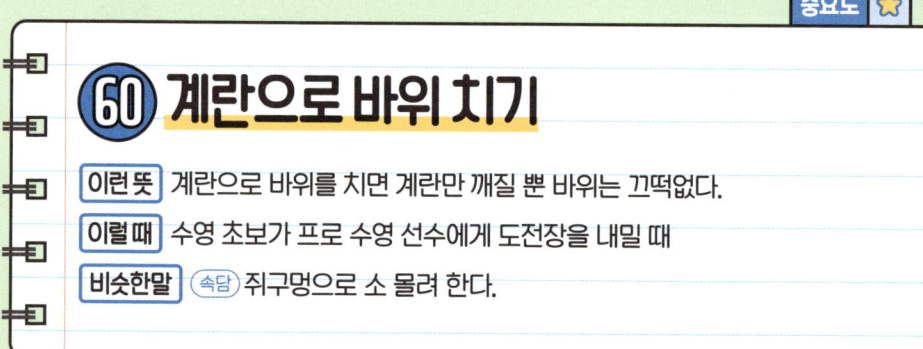

중요도 ⭐

60 계란으로 바위 치기

이런 뜻 계란으로 바위를 치면 계란만 깨질 뿐 바위는 끄떡없다.

이럴 때 수영 초보가 프로 수영 선수에게 도전장을 내밀 때

비슷한말 (속담) 쥐구멍으로 소 몰려 한다.

 계란으로 바 위 치 기

기		위	치
		바	
치	위		바
	기		

 고등학생 형들이 같이 축구하자는데?

_____ 잖아. 하나 마나 한 경기야.

힌트 내용을 읽고 암호가 무엇을 나타내는지 써 보세요.

학교 폭력, 다 같이 해결하자!

학교 안팎에서 괴롭힘을 당하는 학생들이 늘고 있다. 피해 학생 혼자서는 계란으 ★ 바● ▲기지만 친구들, 선생님, 가족이 함께 나서면 문제를 해결할 수 있다.

★ _____   ● _____   ▲ _____

 **상황과 상관없이 항상 바르게 말해야 할 때**

61 입은 비뚤어져도 말은 바로 해라

이런 뜻 입이 비뚤어졌다고 말까지 비뚤게 해서는 안 된다.

이럴 때 잘못을 저지르고 변명만 하는 친구를 바로잡을 때

비슷한 말 입은 비뚤어져도 주라는 바로 불어라.

중요도

 입은 비뚤어져도 말은 바 로 해 라

		라	
	라		
로	해		라
	바		로

 우리 반에서 내가 제일 예쁘지 않아?

_____ 야지. 거울 보고 양심 챙겨.

힌트 내용에 어울리는 어휘를 찾아 O 하세요.

추추에게

정수기로 함께 장난치다가 물웅덩이를 만들었지. 선생님이 누가 그랬냐고 했을 때, 넌 나를 가리켰어. 입은 비뚤어져도 _____ 바로 하랬는데 실망이야.

| 말 | 살 | 날 | 은 | 는 | 근 | 로 | 바 |

같은 말이라도 표현에 따라 다르게 받아들여질 때

> 쟨 왜 저렇게 맨날 바빠?

> 이것저것 할 일이 많대. 하루 24시간이 모자랄 정도라는데?

> 아무렴 나만 하려고? 인기가 많아도 피곤해. 찾는 사람이 많거든.

> 어련하시겠어.

> 근데 쏘비지는 나만큼 인기가 많은 것도 아니면서 볼 때마다 바쁘고 정신없단 말이지.

> 말이 아 다르고 어 다른데 그럴 땐 '부지런하다'고 말하는 게 어때?

중요도 ⭐

62 아 다르고 어 다르다

이런 뜻 언뜻 비슷해 보이는 말도 한 글자 차이로 의미가 달라진다.

이럴 때 종종거리는 친구를 보고 정신없다고 하기보다 부지런하다고 표현할 때

비슷한말 (속담) 아 해 다르고 어 해 다르다.

 어다르다

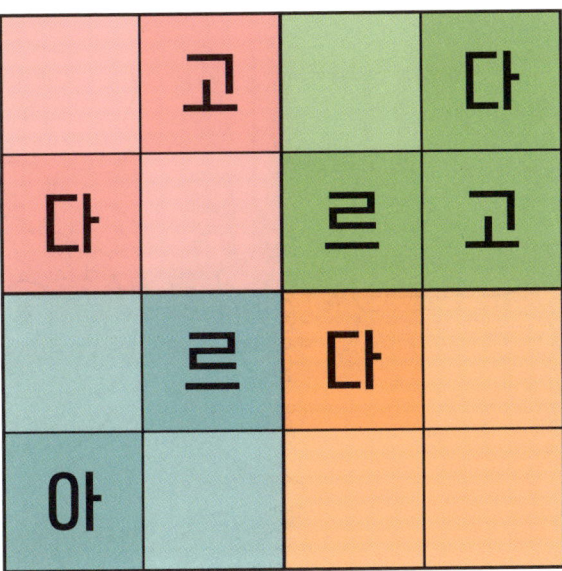

 이렇게 쉬운 문제도 못 풀면 어떡해?

_____른 법인데 좋게 말해 주면 안 돼?

힌트 오늘 배운 속담과 연관된 어휘 1개를 찾아 O 하세요.

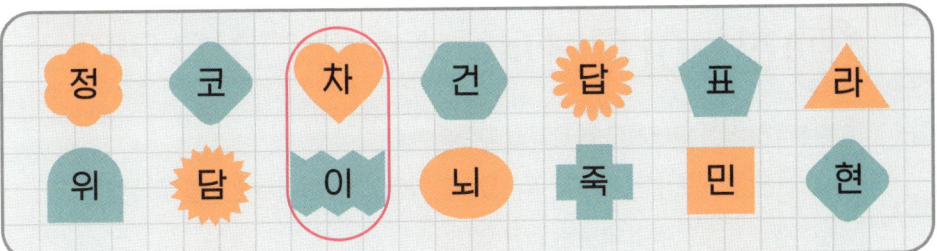

아무리 어려운 일이 닥쳐도 희망이 보일 때

이따 내 생일 파티에 오는 거 잊지 마. 마음은 가볍게, 양손은 무겁게 알지?
헉!
매코미 생일을 까먹고 있었어.
어떡하지? 이번 달 용돈도 거의 다 썼는데….
형광펜을 다 썼어. 집에 갈 때 다있오에 들렀다 가자.
그래, 하늘이 무너져도 솟아날 구멍은 있다고 천 원 숍이 있었어!
잠시 후
음하하
암, 여기라면 걱정 없지! 이게 천 원이란 걸 아무도 모를걸?

중요도 ★★★

(63) 하늘이 무너져도 솟아날 구멍은 있다

이런 뜻 하늘이 무너져도 빠져나갈 구멍은 있다.

이럴 때 코로나19가 전 세계로 확산됐지만, 백신이 만들어져 위기를 극복했을 때

비슷한말 (속담) 사람이 죽으란 법은 없다.

 하늘이 무너져도 솟 아 날 구 멍 은 있다

		구	멍	아
아				솟
멍	구		아	
		아	솟	멍
솟				구

 태풍 때문에 비행기가 결항이래. 내일 개학인데 어떡하지?

_____더니 개학일도 하루 미뤄졌대!

힌트 내용에 알맞은 어휘를 골라 보세요.

⟨심청전⟩를 읽고 나서

심청이는 눈먼 아버지를 구하기 위해 바다에 뛰어들었다. 하지만 (하늘 / 땅)이 무너져도 (달아날 / 솟아날) 구멍은 있다더니, 용왕님의 도움으로 다행히 살아났다.

 좋은 재료나 능력도 제대로 활용해야 가치가 있을 때

64 구슬이 서 말*이라도 꿰어야 보배

중요도 ★★★

- 이런 뜻: 구슬도 꿰어서 목걸이로 만들어야 귀한 물건이 된다.
- 이럴 때: 책을 잔뜩 쌓아 두기만 할 게 아니라 제대로 읽어야 의미가 있을 때
- 비슷한 말 부뚜막의 소금도 집어넣어야 짜다.

*말: 곡식, 액체, 가루 등의 부피를 잴 때 쓰는 단위

 **스도쿠로 익히기** 구슬이 서 말이라도 꿰 어 야 보 배

		배	꿰	야
	보	야	어	꿰
야			보	배
	야			
	배			어

 **말 속에서 써 보기**

살 뺀다고 큰소리치더니 자전거만 사면 뭐 해!

_____지만 운동이 너무 귀찮아.

 **글 속에서 유추하기**

 내용을 읽고 암호가 무엇을 나타내는지 써 보세요.

토론하는 법

어떤 문제가 생기면 서로 의논하는 과정이 필요하다. 구★이 서 ●이라도 ▲어야 보배라고 주장과 근거가 있어도, 제대로 정리하지 못하면 상대방에게 전달되지 않는다.

★ _____   ● _____   ▲ _____

 아무 관계도 없는 일이 동시에 일어나 의심을 받을 때

65 까마귀 날자 배 떨어진다

이런 뜻 까마귀가 날아가려는 순간 우연히 배가 떨어졌다.

이럴 때 새 때문에 눈을 맞았는데, 때마침 눈을 뭉치던 친구가 그런 걸로 오해할 때

비슷한말 고사성어 **오비이락**(烏飛梨落): 상관없는 일이 같이 일어나 의심을 받다.

 까마귀 날자 배 떨 어 진 다

어	배		진	
다	진	어		
	어			
배		진	다	어
진				떨

 내가 뛰어갈 때 책상에 있던 동생 가방이 갑자기 떨어졌어.

_____더니 당황했겠다.

힌트 내용에 어울리는 어휘를 찾아 O 하세요.

난 범인이 아니야!

점심시간에 배가 아파 혼자 양호실에 갔다가 교실로 돌아왔는데, 양호 선생님의 지갑이 사라졌다고 했다. _____ 날자 배 떨어진다고, 의심받을까 봐 당황스러웠다.

| 가 | 까 | 두 | 마 | 귀 | 기 | 루 | 미 |

 **잘 아는 일이라도 확인하고 조심해야 할 때**

66 돌다리도 두들겨 보고 건너라

이런 뜻 단단한 돌다리도 안전한지 두들겨 보고 건너야 한다.

이럴 때 비가 많이 오고 난 뒤 해가 떴지만, 길이 미끄럽지 않은지 살피며 걸을 때

비슷한 말 아는 길도 물어 가랬다.

 돌다리도 두 들 겨 보 고 건너라

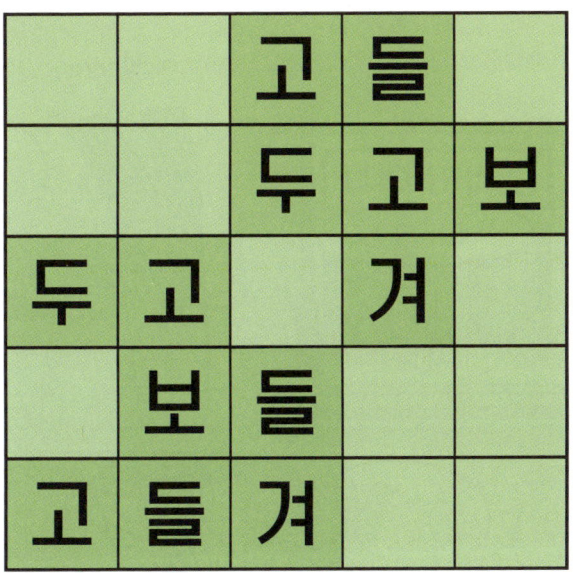

 퀴즈가 너무 쉬운데?

함정이 있을지도 몰라. _____ 야 해.

힌트 오늘 배운 속담과 연관된 어휘 1개를 찾아 O 하세요.

 작은 방해가 있더라도 할 일을 마땅히 해야 할 때

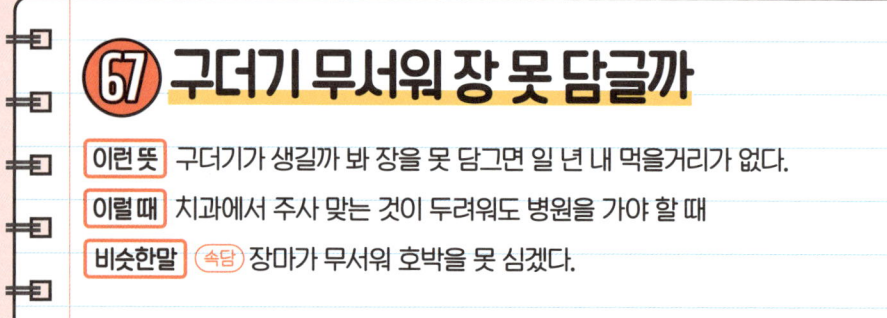

중요도

⑥⑦ 구더기 무서워 장 못 담글까

이런 뜻 구더기가 생길까 봐 장을 못 담그면 일 년 내 먹을거리가 없다.

이럴 때 치과에서 주사 맞는 것이 두려워도 병원을 가야 할 때

비슷한 말 (속담) 장마가 무서워 호박을 못 심겠다.

 구더기 무서워 | 장 | 못 | 담 | 글 | 까 |

		못	까	담
까	담		장	못
못		까		
				글
담		장	글	

 수영은 잘하고 싶은데 물이 무서워서 못 배우겠어.

_____! 수영을 배워야 물과 친해지지.

힌트 내용에 알맞은 어휘를 골라 보세요.

매코미에게

오디션에 합격한 것을 축하해. 그런데 악플이 두려워 아이들을 포기하겠다니 무슨 말이야? 그건 (누더기 / 구더기) 무서워 (장 / 죽) 못 담그는 꼴이야.

 죄를 짓고 들킬까 봐 조마조마하다 자기도 모르게 티를 낼 때

 **68 도둑이 제 발 저리다**

- **이런 뜻** 도둑질을 하면 들통날까 봐 불안해서 발이 저리다.
- **이럴 때** 내 장난감을 망가뜨린 친구가 스스로 찔려서 변명할 때
- **비슷한 말** 〈고사성어〉 **자승자박(自繩自縛)**: 자기가 한 말과 행동에 얽매여 어려움을 겪다.

중요도 ★★

 도둑이 [제] [발] [저] [리] [다]

리	제			발	
	발	리			제
발					
제				리	
저				다	발

 말 속에서 써 보기

이 화분 내가 깬 거 아니야.

묻지도 않았는데 발뺌이라니…. _____ 나 봐?

 글 속에서 유추하기

힌트) 내용을 읽고 암호가 무엇을 나타내는지 써 보세요.

교통사고 진범, 하루 만에 검거

어린이 보호 구역에서 길을 건너던 어린이를 차로 치고 달아난 범인이 하루 만에 잡혔다. 도★이 제●▲린다고, 범행 현장에 다시 나타난 바람에 검거됐다.

★ _____ ● _____ ▲ _____

 **상대방의 마음도 모른 채, 미리 넘겨짚어 기대할 때**

중요도

69 떡 줄 사람은 생각도 않는데 김칫국부터 마신다

- **이런 뜻** 떡을 가진 사람은 나눌 생각이 없는데, 떡과 함께 먹을 김칫국부터 마신다.
- **이럴 때** 다리 떨지 말라고 눈치를 준 건데 나한테 관심 있는 줄 알고 착각할 때
- **비슷한 말** (속담) 떡방아 소리 듣고 김칫국 찾는다.

 떡 줄 사람은 생각도 않는데
김 칫 국 부 터 마신다

국	김	칫		
김	국			
부	터	김		
	부			
	칫	부	김	국

 오늘 화이트 데이니까 사탕 엄청 많이 받겠지?

설레발치지 마. _____ 시네.

힌트 내용에 어울리는 어휘를 찾아 ○ 하세요.

이게 진짜일 리 없어!

인기투표에서 당연히 1등 할 줄 알고 소감까지 준비했는데, 다른 친구가 우승했다. 떡 줄 _____ 생각도 않는데 김칫국부터 마셨다니 창피하다.

| 어 | 자 | 사 | 감 | 랑 | 람 | 은 | 는 |

작은 일도 서로 도우면 훨씬 쉬워질 때

70 백지장도 맞들면 낫다

- **이런 뜻** 종이 한 장도 같이 들면 더 가볍다.
- **이럴 때** 친구의 짐을 나누어 들고 더 빠르게 움직일 때
- **비슷한말** 〈고사성어〉 **십시일반**(十匙一飯): 여럿이 힘을 합쳐 한 사람을 쉽게 돕다.

 백지장도 들   다

				다
낫				맞
	들	맞		면
들	맞	다	면	
	면		다	

 생일 파티하고 집을 언제 다 치우나 걱정했는데 벌써 끝났네?

_____고 함께하면 금방이지.

 힌트 내용을 읽고 암호가 무엇을 나타내는지 써 보세요.

눈 깜짝할 새 끝난 추석 준비

추석을 앞두고 친척들과 송편을 만들었다. 처음에는 반죽이 산더미 같았는데 같이 만들다 보니 뚝딱 끝났다. 이래서 백지장★ ●들면 ▲다고 하나 보다.

_____ _____ _____

어떤 결과에 반드시 그럴 만한 원인이 있을 때

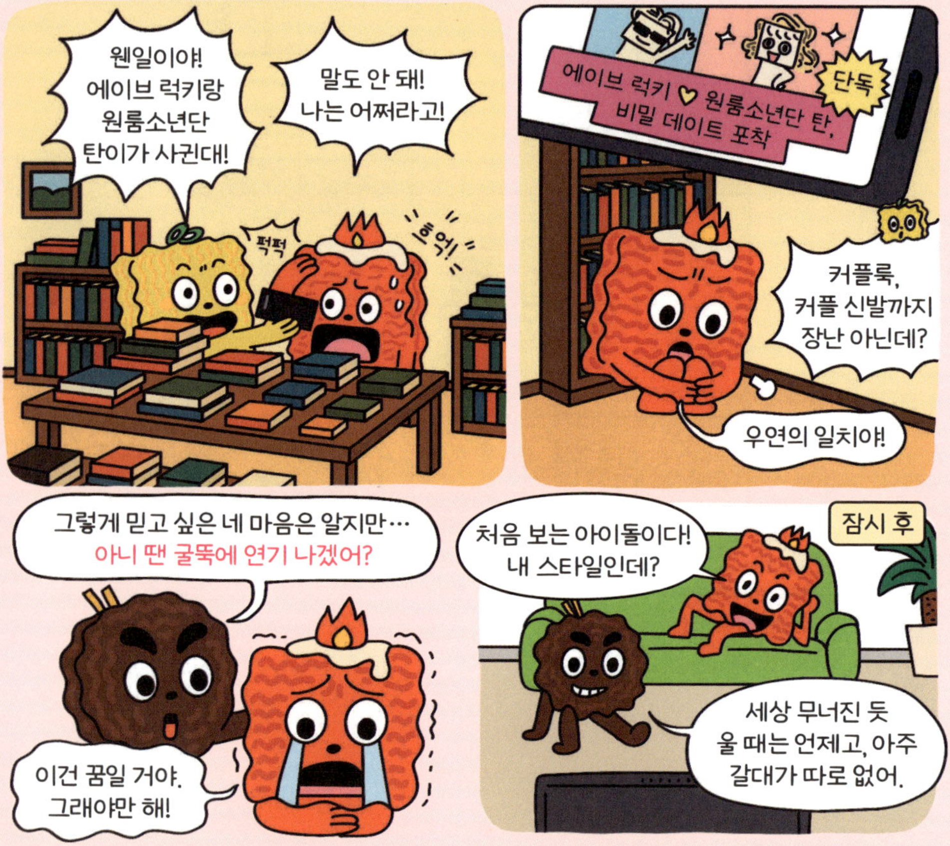

(만화)

71 아니 땐 굴뚝에 연기 나랴

이런 뜻 아궁이에 불을 피웠기 때문에 굴뚝에서 연기가 난다.
이럴 때 친하게 지내는 친구 둘이 사귄다는 소문이 돌 때
비슷한말 (속담) 아니 때린 장구 북소리 날까.

  에 연기 나랴

		뚝	니	
아				
	아	땐		뚝
	땐		뚝	니
뚝	니		아	땐

 새로 전학 온 애 말이야. 얼마 되지도 않았는데 소문이 안 좋대.

_____ 겠어? 친구들을 괴롭히니 그럴 수밖에…

힌트 내용에 알맞은 어휘를 골라 보세요.

담임 선생님의 정체

선생님이 개학 첫날부터 대청소를 시키셨다. 지각하면 벌점 스티커도 주신단다. 아니 땐 (부뚜막 / 굴뚝)에 (연기 / 불) 나랴, 엄한 선생님이라는 소문은 진짜였다.

 **아무리 사실대로 말해도 믿지 않을 때**

72 콩으로 메주를 쑨다 해도 곧이 안 믿는다

- **이런 뜻** 콩으로 메주를 만드는 것은 당연한 일인데 믿지 않는다.
- **이럴 때** 거짓말을 자주 하는 친구가 진실을 말해도 믿기 어려울 때
- **반대말**  팥으로 메주를 쑨대도 곧이듣는다: 남을 지나치게 믿는다.

 콩으로 메 주 를 쑨 다 해도 곧이 안 믿는다

를				메
쑨			주	다
다			메	를
	를			
메	쑨		를	주

 아차, 너한테 빌려 간 슬라임 가져온다는 걸 깜빡했어.

벌써 일주일째야. 이제 네 말은 _____ 어!

힌트 오늘 배운 속담과 연관된 어휘 1개를 찾아 ○ 하세요.

 **내 것보다 남의 것이 더 좋아 보일 때**

"가만, 솜사탕 크기가 좀 다른 것 같은데?"

"입에서 살살 녹는다, 녹아."

냠냠

"같은 맛만 먹으니까 질리지 않아? 우리 바꿔 먹을래?"

끄덕끄덕

"그래. 바나나 맛을 제일 좋아하긴 하지만 다른 맛도 궁금해."

"이상하다? 이젠 송송이 솜사탕이 알록달록하니 맛있어 보여."

"우리 다시 바꿀까?"

"남의 떡이 더 커 보인다고 그만 욕심내!"

중요도

남의 떡이 더 커 보인다

이런 뜻 실제 똑같은데 다른 사람의 떡이 더 많고 좋아 보인다.

이럴 때 친구의 도넛이 내 것보다 더 크고 맛있어 보일 때

비슷한말 (속담) 남의 밥에 든 콩이 굵어 보인다.

 **남의 떡이** 더 커 보 인 다

커	보			인
		인		더
인				다
더	다	보		
다	인	더		

 왜 네 감자튀김이 더 많아 보이지?

그럼 이거 네가 먹어. 원래 _____ 이는 법이거든?

힌트: 내용을 읽고 암호가 무엇을 나타내는지 써 보세요.

알쏭달쏭한 역할 분담

모둠 활동 시간에 나는 자료 조사를 하고, 뽀글이가 발표했다. 공평하게 역할을 나눈 것 같았는데 왜 발표가 더 쉬워 보일까? ★의 ●이 더 ▲ 보여서 그런가 보다.

★ _____ ● _____ ▲ _____

거의 다 된 일을 실수로 망쳤을 때

중요도 ★★

74 다 된 죽에 코 빠뜨린다

이런 뜻 정성을 들여 끓인 죽에 콧물을 빠뜨려 못 먹게 되다.

이럴 때 나무 블록을 쌓다가 재채기 한 번에 무너뜨렸을 때

비슷한말 (속담) 다 된 밥에 재 뿌리기

 다 된 죽에

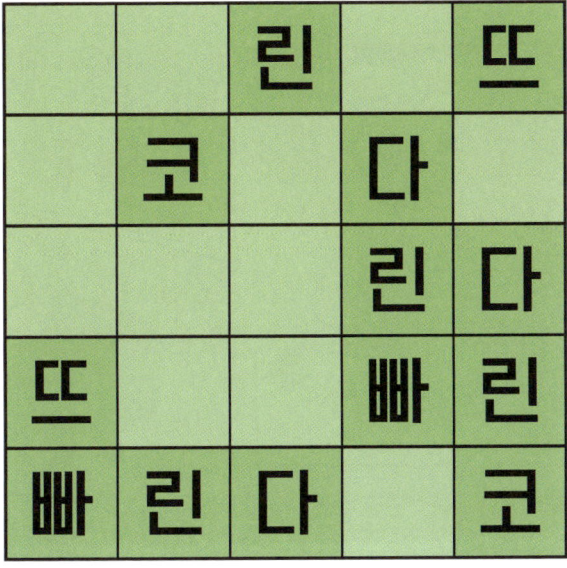

 내가 열심히 세운 도미노를 쓰러뜨리면 어떡해?

도와준다는 게 그만 _____렸네. 미안해.

힌트 내용을 읽고 암호가 무엇을 나타내는지 써 보세요.

저 멀리 사라진 가족 여행

겨울 방학 때 가족여행을 가기로 했다. 그런데 비행기표를 예약하면서 실수로 취소 버튼을 눌렀다. 딱 네 좌석만 남았었는데 다 된 ★에 ● 빠▲리다니 어이가 없다.

★ _____ ● _____ ▲ _____

 차라리 모르는 채 지나가는 게 더 나을 때

모르는 게 약이요 아는 게 병

| 이런 뜻 | 아무것도 모르면 마음이 편하지만, 알고 나면 걱정이 생긴다.
| 이럴 때 | 내가 물건을 산 곳보다 더 싸게 파는 곳을 알게 되어 괴로울 때
| 비슷한말 | (속담) 모르는 것이 부처, 무지각이 상팔자

중요도

  이요 아는 게 병

		는	르	모
는	게	르	모	
르	는			
	르	약		
약			는	

 추추가 준 과자가 유통 기한이 지났다고? 어쩐지 배가 살살 아프더라니….

맛있게 잘만 먹을 땐 언제고 _____이네.

힌트 내용에 어울리는 어휘를 찾아 O 하세요.

〈원효〉를 읽고 나서

원효 대사는 밤중에 목이 말라 물을 마셨다. 다음 날 해골에 담긴 물이라는 사실을 알게 되었는데 모르는 게 _____ 아는 게 병이라는 생각이 들었다.

| 약 | 양 | 약 | 옥 | 이 | 기 | 요 | 교 |

# 가장 급한 사람이 서둘러 일을 하게 될 때

중요도 ★★

76 목마른 사람이 우물 판다

이런 뜻 목이 말라 물이 필요한 사람이 나서서 우물을 판다.

이럴 때 집 안이 더러운 것을 가장 못 참는 사람이 청소하려고 나설 때

비슷한말 (속담) 갑갑한 놈이 송사한다.

른		마		사
마		른	목	
목		사	른	마
			마	
람		목		

 아, 배고파. 떡볶이 좀 만들어줘.

_____ 파야지 누굴 시켜! 네가 직접 해 먹어!

힌트) 오늘 배운 속담과 연관된 어휘 1개를 찾아 O 하세요.

 남에게 은혜를 입고도 고마운 줄 모르고 생트집을 잡을 때

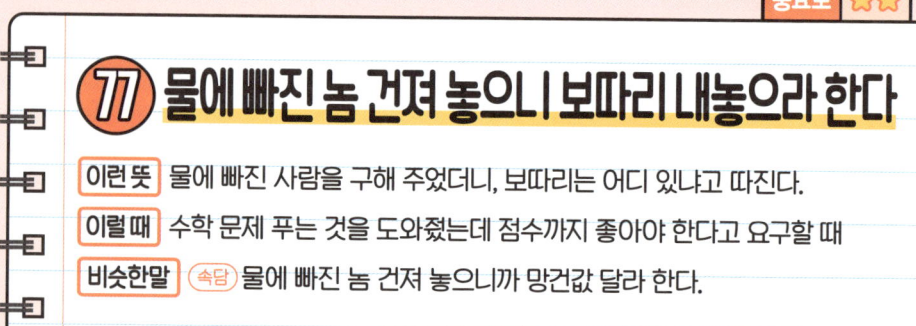

77 물에 빠진 놈 건져 놓으니 보따리 내놓으라 한다

이런 뜻 물에 빠진 사람을 구해 주었더니, 보따리는 어디 있냐고 따진다.

이럴 때 수학 문제 푸는 것을 도와줬는데 점수까지 좋아야 한다고 요구할 때

비슷한말 (속담) 물에 빠진 놈 건져 놓으니까 망건값 달라 한다.

 물에 빠진 놈 건 져 놓 으 니
보따리 내놓으라 한다

져				으
	져		놓	니
				놓
	으	니	져	건
	놓	으	건	

 크레파스만 달랑 빌려주면 어떡해? 스케치북도 없단 말이야!

_____고 괜히 도와줬어!

 힌트 내용에 알맞은 어휘를 골라 보세요.

흥칫뽕, 다신 같이 안 놀아!

친구들이 파자마 파티를 하자고 해서 내 방과 게임기도 빌려줬는데, 재미없다고 툴툴거렸다. (물 / 불)에 빠진 놈 건져 놓으니 (보따리 / 소쿠리) 내놓으라는 격이었다.

서로 떨어질 수 없는 아주 가까운 사이를 말할 때

어린이 요리 대회라니 벌써부터 두근대잖아?

어린이 요리 대회

우승하면 상품권 100장을 준대!

좋았어, 이 몸이 나가 주지!

나랑 같이 나가고 싶은 사람?

나, 나!

여기!

그럼 한 명씩 나를 설득해 봐.

난 맛을 잘 봐.

어떤 재료가 나오든 최고의 요리법을 알려 줄 수 있어.

잊었어? 우리 환상의 짝꿍이잖아. **바늘 가는 데 실 가야지.**

어떡하지? 에이그를 선택하자니 짜짜가 아쉽고, 짜짜랑 나가자니 매코미가 섭섭해할 텐데…. 이것 참 고민이로다!

중요도

 바늘 가는 데 실 간다

이런 뜻 바늘과 실은 항상 따라다닌다.

이럴 때 학교도 같이 가고, 교실에서도 꼭 붙어 다니는 단짝을 표현할 때

비슷한말 (고사성어) **수어지교**(水魚之交): 아주 친해서 떨어질 수 없는 사이

    실 간다

	늘			
	는		가	바
			바	늘
바	가	늘	데	
가				데

 주문한 치킨이 왔는데 무가 빠졌어!

_____ 가야지. 어떻게 이런 실수를 한담?

힌트 내용을 읽고 암호가 무엇을 나타내는지 써 보세요.

바른 생활 습관으로 건강을 지키자!

매일 아침 일찍 일어나고, 골고루 먹고, 규칙적으로 운동하면 우리 몸도 튼튼해진다. 바★ 가는● 실▲다는 말처럼 건강해지고 싶다면 좋은 생활 습관을 가져야 한다.

 ____   ____   ____

일의 순서를 무시하고 성급하게 덤빌 때

여기서 뭐 해?

나도 채소를 키워 보려고!

이 싹이 자라서 채소가 된다고?

그렇고 말고. 다 자라면 너한테도 맛보여 줄게.

다음 날

왜 이렇게 급해! 이건 시간이 필요한 일이야.

토마토는 언제 나와?

며칠 뒤

겨우 이만큼 자란 거야? 토마토 주스 해 먹으려고 믹서기 샀단 말이야.

우물에 가 숭늉 찾을 녀석이군. 점점 더 자라서 꽃도 피워야 열매가 열리는 거라고!

중요도

79 우물에 가 숭늉 찾는다

[이런 뜻] 물을 길어다 밥을 지은 다음에 만들 수 있는 숭늉을 우물에서 찾는다.

[이럴 때] 씨앗을 심자마자 열매부터 찾을 때

[비슷한말] (속담) 콩밭에 가서 두부 찾는다.

 우물에 가 숭 늉 찾 는 다

늉	다			
찾	숭	늉		
숭		는		
는	늉			
	는	숭	늉	

 독서 골든벨에서 우승하면 햄버거 기프티콘을 준대! 뭘로 고를지 고민이야.

_____ 꼴인데? 1등부터 하고 말해야지.

(힌트) 내용에 어울리는 어휘를 찾아 ○ 하세요.

뽀글이에게

네가 탁구 대회를 준비한다고 들었어. 그런데 _____ 가 숭늉 찾는다고 이제 막 탁구 교실에 등록한 너에게 너무 이른 것 같아.

| 우 | 유 | 수 | 주 | 물 | 불 | 에 | 게 |

 어떤 일에 몹시 놀라서 비슷한 것만 봐도 겁을 낼 때

 자라 보고 놀란 가슴 솥뚜껑 보고 놀란다

이런 뜻 자라에게 물린 사람은 자라의 등딱지와 닮은 솥뚜껑만 봐도 놀란다.

이럴 때 뱀 인형을 보고 놀란 친구가 나뭇가지만 봐도 깜짝 놀랄 때

비슷한말 〔속담〕 더위 먹은 소 달만 보아도 헐떡인다.

 자라 보고 놀란 가슴 솥 뚜 껑 보 고 놀란다

솥	고		보	뚜
고		솥		보
뚜	껑	보	솥	
			고	솥
보				

 오늘은 주사 안 맞고 간단한 검사만 한대.

_____고 병원 냄새만 맡아도 무서워.

 힌트 오늘 배운 속담과 연관된 어휘 1개를 찾아 O 하세요.

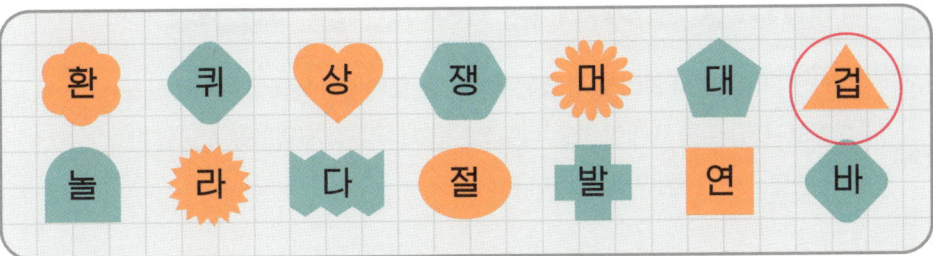

아무것도 모르고 철없이 함부로 덤빌 때

안녕하세요. 오늘부터 태권도장에 다니게 된 짜짜 친구, 뽀글이에요.

이얍

나도 저렇게 하고 싶은데 왜 준비 운동만 시키는 거람?

사범님, 저도 짜짜처럼 격파하고 싶어요.

으아악 내 발! 뽀글이 살려!

하룻강아지 범 무서운 줄 모르구나. 그렇다면 스스로 깨닫게 하는 수밖에….

중요도

81 하룻강아지 범 무서운 줄 모른다

이런 뜻 태어난 지 얼마 되지 않은 강아지는 호랑이가 얼마나 무서운지 모른다.

이럴 때 태권도를 제대로 배운 적도 없으면서 무모하게 격파를 시도할 때

비슷한말 (속담) 개미가 정자나무 건드린다.

 하 룻 강 아 지 범 무서운 줄 모른다

지				강
	지		아	하
		아	지	
			강	아
아	룻	강	하	

 뽀글이가 나한테 태권도 대결을 신청했어. 난 빨간 띠고 걘 하얀 띠야.

배운 지 겨우 일주일째인데 _____ 르네.

힌트 내용에 알맞은 어휘를 골라 보세요.

도전! 방 탈출 게임

난생처음 방 탈출 카페에 갔다. 하룻(강아지 / 고양이) (범 / 사자) 무서운 줄 모르고 가장 어려운 코스에 도전했다가 미로 속에 영영 갇히는 줄 알았다.

171

 실제 겨루거나 겪어 보아야 결과를 알 수 있을 때

82 길고 짧은 것은 대어 보아야 안다

이런 뜻 무엇이 길고 짧은지는 직접 자를 대고 비교해야 한다.
이럴 때 제일 작고 단순해 보이는 종이비행기가 실제로는 가장 오래 날 때
비슷한말 (속담) 밥인지 죽인지는 솥뚜껑을 열어 보아야 안다.

 은 대어 보아야 안다

	것	고		짧
고	은			
	길	짧	은	
	고	은		
길			것	고

 그 소식 들었어? 팔씨름에서 송송이가 매코미를 이겼대!

먹보 요정을 이기다니 _____니까!

(힌트) 내용에 어울리는 어휘를 찾아 ○ 하세요.

〈토끼와 거북이〉를 읽고 나서

달리기 경주에서 토끼가 게으름을 피우는 사이, 거북이는 쉬지 않고 기어가서 결승점에 먼저 도착했다. 역시 길고 짧은 것은 _____ 보아야 안다.

| 쇠 | 세 | 데 | 대 | 여 | 어 | 거 | 머 |

 어려운 사람을 돕기는커녕 더 어렵게 만들 때

83 불난 집에 부채질한다

- **이런 뜻** 불난 집에 부채질해서 불이 더 크게 타오르다.
- **이럴 때** 빙판길에 미끄러졌는데 친구가 도와주지 않고, 약 올릴 때
- **비슷한말** (속담) 불난 데 풀무질한다.

 불난 집에 부 채 질 한 다

한	질	다	채	
				채
채				
	부		다	한
	채		한	다

 지각해서 혼나고 있는데 추추가 숙제도 안 했다고 선생님한테 일렀어.

_____더니 의리는 어디에다 둔 거람!

힌트 오늘 배운 속담과 연관된 어휘 1개를 찾아 O 하세요.

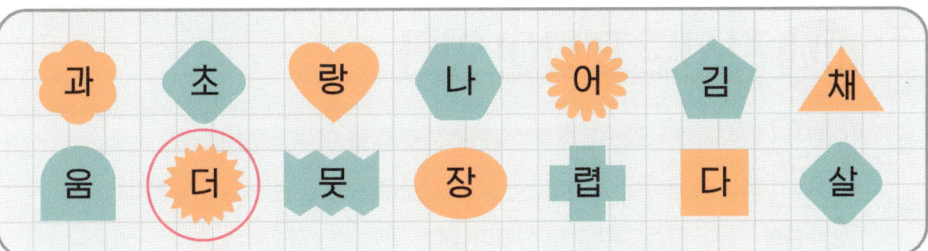

 누구나 자신에게 어울리는 짝이 있을 때

84 짚신도 제짝이 있다

이런 뜻 보잘것없는 짚신도 왼쪽, 오른쪽으로 짝을 이루고 있다.

이럴 때 특이한 음식을 좋아하는 친구에게도 결국은 맞는 친구가 있을 때

비슷한말 속담 고슴도치도 살 친구가 있다.

 짚신도 제 짝 이 있 다

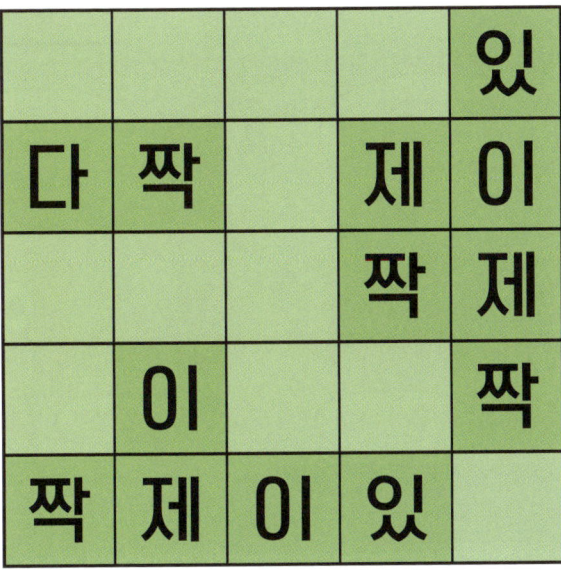

 2인3각 경기에 나가고 싶은데 함께할 친구가 없어.

_____고 조금만 더 기다리면 나타날 거야.

 힌트 내용에 알맞은 어휘를 골라 보세요.

막내 삼촌의 결혼식

드디어 막내 삼촌이 결혼했다. (짚신 / 헌신)도 제(짝 / 편)이 있다고 삼촌을 알아봐 주는 멋진 분을 만나게 된 것이다. 오래오래 행복하셨으면 좋겠다.

 **자기에게 이로우면 가까이하고, 도움이 안 되면 멀리할 때**

달면 삼키고 쓰면 뱉는다

이런 뜻 입안에 들어온 단것만 먹고, 쓴 것은 뱉어 버린다.

이럴 때 친구가 도와주면 고마워하다가, 피해를 끼치자 모른 척할 때

비슷한말 [고사성어] **감탄고토(甘呑苦吐)**: 자신의 비위에 따라 옳고 그름을 판단하다.

 달면 삼키고 쓰 면 뱉 는 다

다	면	쓰		
	다	면	쓰	뱉
는	뱉			쓰
			는	면
	뱉			

 핸드폰 배터리가 별로 안 남았네? 나 충전기 좀 빌려줘.

_____ 고 순 자기 필요할 때만 찾는다니까!

힌트 내용에 알맞은 어휘를 골라 보세요.

〈아낌없이 주는 나무〉를 읽고 나서

소년은 문제가 생길 때마다 사과나무를 찾았다. (달면 / 짜면) 삼키고 (매우면 / 쓰면) 뱉는다더니 사과나무의 사랑을 받기만 하고 돌아서는 모습이 이기적으로 느껴졌다.

 소문이나 기대에 비해 별 볼 일 없을 때

86 소문난 잔치에 먹을 것 없다

- **이런 뜻**: 유명한 잔칫집에 갔는데 먹을 만한 음식이 하나도 없다.
- **이럴 때**: 맛집으로 소문난 곳에 갔는데 음식 맛이 평범할 때
- **반대말**: (고사성어) 명불허전(名不虛傳): 유명한 데는 그럴 만한 이유가 있다.

 소문난 잔치에 먹 을 것 없 다

없		을		
	없	것		
다	것		을	없
을				다
것	을			먹

 새로 나온 게임이 재밌다고 소문이 자자해서 기대했는데 너무 시시해.

_____ 더니 딱 그 꼴이네.

힌트 내용에 어울리는 어휘를 찾아 O 하세요.

에잇, 좋다가 말았어!

선생님이 발표를 잘한 사람에게 엄청난 선물을 준다고 하셨다. 열심히 참여했는데 선물은 사탕 한 알이었다. _____ 잔치에 먹을 것 없다더니 실망이었다.

| 소 | 고 | 문 | 운 | 난 | 단 | 란 | 판 |

우연히 무언가를 알아맞히거나 좋은 결과를 얻었을 때

87 황소 뒷걸음치다 쥐 잡는다

이런 뜻 황소가 뒤로 물러서다가 우연히 쥐를 밟아서 잡는다.

이럴 때 어쩌다 3점 슛을 던져 농구 게임에서 이겼을 때

비슷한말 (고사성어) 어부지리(漁夫之利): 서로 싸우다 엉뚱한 사람이 이익을 가로채다.

 황소 뒷걸음치다 쥐잡는다

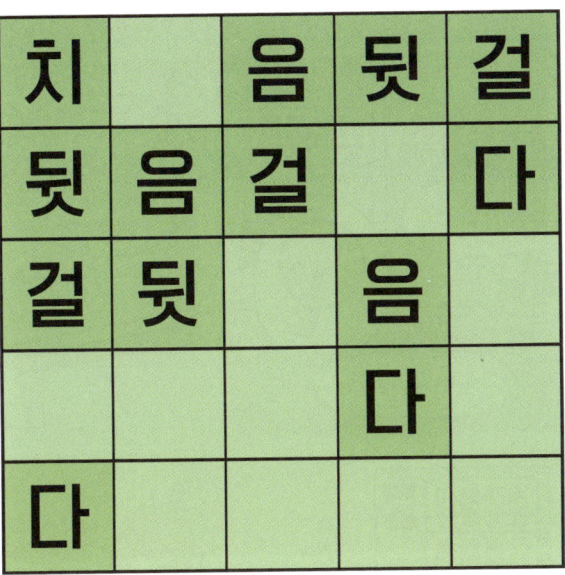

 시험지에 답을 밀려 썼는데, 지금까지 본 시험 중 제일 점수가 좋아.

_____고 운도 참 좋아.

 힌트 오늘 배운 속담과 연관된 어휘 1개를 찾아 ○ 하세요.

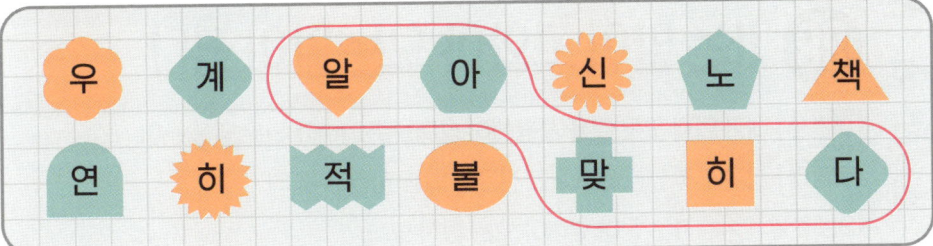

 **다른 사람에게 친절하게 대해야 자기에게도 그대로 돌아올 때**

| 중요도 ★★★ |

88 가는 말이 고와야 오는 말이 곱다

이런 뜻 내가 먼저 고운 말을 사용해야 상대방도 나에게 고운 말을 쓴다.

이럴 때 친구에게 칭찬했더니 그 친구도 나를 칭찬해 줄 때

비슷한말 (속담) 가는 정이 있어야 오는 정이 있다.

 가는 말이 고와야 말 이 곱

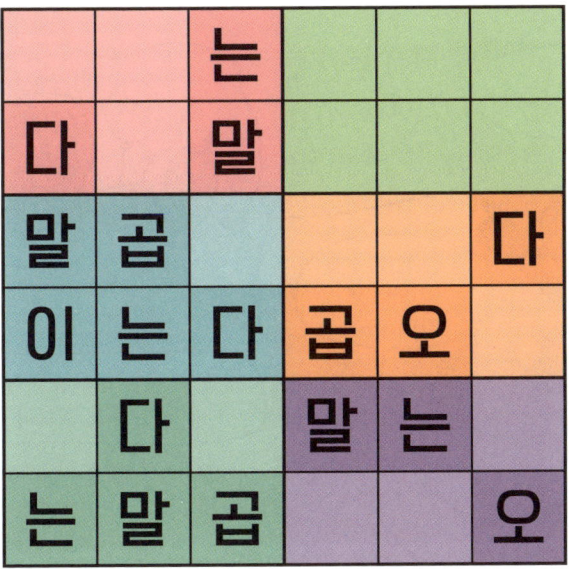

 우리 집 앵무새가 나보고 바보라고 했어!

_____지. 네가 먼저 바보라고 놀리잖아.

힌트 내용에 알맞은 어휘를 골라 보세요.

고운 말을 사용하자!

'가는 (말 / 글)이 (고와야 / 좋아야) 오는 말이 곱다'는 속담처럼 친구가 실수했을 때도 먼저 따뜻하게 다독여 주면 다툼이 줄어들고, 친구 사이가 가까워질 수 있다.

자기와 상관없는 일에 괜히 간섭하고 나설 때

중요도 ★★

89 남의 잔치에 감 놓아라 배 놓아라 한다

이런 뜻 다른 사람의 잔치에 이래라저래라 참견한다.

이럴 때 친구 생일에 쓸데없이 이래라저래라 참견할 때

비슷한말 (속담) 남의 일에 흥야항야한다.

 남의 잔치에 감 놓아라

				배	
			아	라	한
					라
			한	놓	아
한	놓	라		아	
	아	다	라	한	놓

 그 가방은 별로인데? 차라리 이건 어때?

_____ 하지 말고 넌 네 거 골라.

힌트 내용을 읽고 암호가 무엇을 나타내는지 써 보세요.

오지랖이 넓은 친구들 때문에….

에이그와 알까기를 하는데 추추와 매코미가 옆에서 계속 한마디씩 했다. 직접 두면 되지, 왜 ★의 잔치에 ● 놓아라 배 ▲아라 할까? 귀에서 피 나는 줄 알았다.

★ ____   ● ____   ▲ ____

 **잘못을 저지르고 얕은 꾀로 속이려 할 때**

90 닭 잡아먹고 오리발 내놓기

[이런 뜻] 주인의 허락 없이 닭을 잡아먹고 오리인 척 우긴다.

[이럴 때] 친구 장난감을 고장 내놓고 모르는 척 뻔한 거짓말을 할 때

[비슷한말] (속담) 손바닥으로 하늘 가리기

스도쿠로 익히기

닭 잡아먹고 오리 발 내 놓 기

		발	내		오
				놓	리
오	발	리	기		놓
기	내		리		발
				오	발
		오		놓	

말 속에서 써 보기

 내 일기장 훔쳐봤지? _____는 안 통해.

나 아니거든? 진짜 억울하다고!

글 속에서 써먹기

(힌트) 내용에 어울리는 어휘를 찾아 O 하세요.

국내 NO.1 햄에서 세균 검출

잉글미트에서 만든 햄에서 식중독균이 발견됐다. 하지만 생산 과정상의 문제가 아니라며 닭 _____ 오리발 내놓고 있어 소비자들의 분노를 샀다.

| 키 | 우 | 잡 | 아 | 가 | 먹 | 고 | 채 |

어려움을 겪고 나서 더 강해질 때

---

91 비 온 뒤에 땅이 굳어진다

- **이런 뜻** 비에 젖었던 흙이 마르면서 땅이 단단해진다.
- **이럴 때** 친구끼리 싸웠지만 그 뒤로 더 친해졌을 때
- **비슷한말** [고사성어] 전화위복(轉禍爲福): 화가 바뀌어 오히려 복이 되다.

중요도 ★★

 비 온 뒤에 땅이 굳어진다

다	이	땅	어		
굳					땅
진	굳	이		땅	어
				굳	
					진
땅	어		굳	이	다

 드디어 내 동생이 병원에서 퇴원했대!

_____고 앞으로 더 건강해질 거야.

힌트 오늘 배운 속담과 연관된 어휘 1개를 찾아 ○ 하세요.

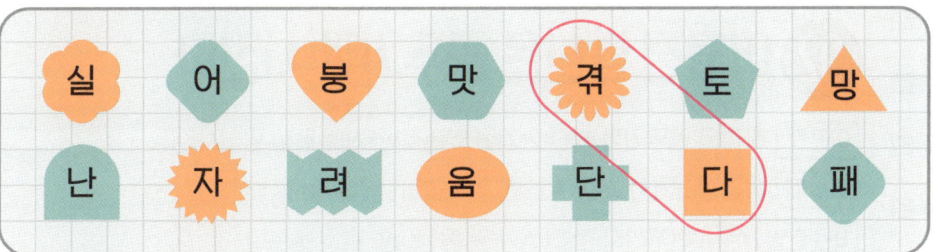

 못난 사람이 주변 사람들까지 부끄럽게 만들 때

거기 아무도 없느냐?

이리 오너라.

예이~ 굽신굽신

왜 이렇게 굼뜬 것이냐! 빠릿빠릿하게 행동하지 못할까?

공주 비위 맞추기 한번 어렵네.

궁궐 안

여기 정말 아름답다. 이럴 게 아니라, 뭐라도 남겨야겠어.

샤랄라~

그나저나 매코미는 갑자기 어디로 사라진 거야?

메가 초등학교 매코미 다녀 가다

저, 저… 어물전 망신은 꼴뚜기가 시킨다더니 낙서도 모자라 학교 망신까지 시킬 줄이야!

으악!

중요도 ★★

92 어물전 망신은 꼴뚜기가 시킨다

이런 뜻 하찮은 꼴뚜기가 생선 가게에 있는 다른 해물들을 망신시킨다.

이럴 때 공공장소에서 같은 학교 친구가 창피한 행동을 할 때

비슷한말 미꾸라지 한 마리가 온 웅덩이를 흐려 놓는다.

 어 물 전 망 신 은 꼴뚜기가 시킨다

은				어		전
		전	은	망		
물	망			신		
	은	신	물	어		망
망		은				물
	전					

 올림픽 대회에서 반칙을 저지르다니 부끄러워.

메달 욕심에 _____는 걸 모르나 봐.

힌트) 내용에 알맞은 어휘를 골라 보세요.

규칙을 잘 지키는 지구촌 시민이 되자!

다른 나라를 여행할 때는 행동에 주의해야 한다. (어물전 / 김치전) 망신은 (꼴뚜기 / 망둥이)가 시킨다고, 남에게 피해를 주다가 나라 망신이 될 수 있기 때문이다.

 **사람의 마음이나 생각을 헤아리기 힘들 때**

93 열 길* 물속은 알아도 한 길 사람 속은 모른다

중요도 ★★

이런 뜻 깊은 물은 들여다볼 수 있어도 사람의 마음은 알기 어렵다.

이럴 때 까칠한 줄만 알았던 친구가 길냥이를 따뜻하게 챙길 때

비슷한 말  사람 속은 천 길 물속이라.

*길: 길이의 단위로 한 길은 2.4~3미터임

 열 길 물속은 알아도 한 길 사 람 속 은 모른다

속			한		
길	한	람		속	
	은		람	한	속
		한			사
은	길			람	
한	람		은	사	

 착한 이미지로 유명한 배우 조조가 학교 폭력 가해자였대.

그래서 _____는 거야.

(힌트) 내용을 읽고 암호가 무엇을 나타내는지 써 보세요.

추추에게

다른 친구에게 나에 대해 안 좋게 이야기했다며? 열 길 ★ 속은 알아도 ● 길 사 ▲ 속은 모른다더니 정말 실망이야. 나만 널 진정한 친구로 생각했나 봐.

★ ___ ● ___ ▲ ___

 윗사람의 행동을 아랫사람이 따라 배울 때

94 윗물이 맑아야 아랫물이 맑다

이런 뜻 위에서 흐르는 물이 맑아야 아래에 있는 물도 맑다.

이럴 때 누나가 일찍 일어나는 모습을 보고 동생이 본받을 때

비슷한말 (속담) 부모가 착해야 효자 난다.

 **스도쿠로 익히기** 윗물이 맑아야 아 랫 물 이 맑 다

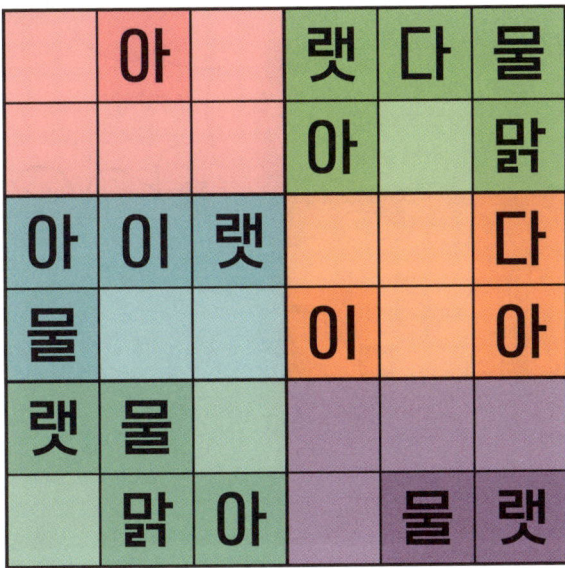

 **말 속에서 써 보기**

 학교 앞 떡볶이집은 맛있는데 주인아저씨가 너무 무서워.

주인 할머니도 소문난 욕쟁이잖아. _____을 텐데….

 **글 속에서 써먹기**

힌트 내용에 어울리는 어휘를 찾아 ○ 하세요.

인사 잘하는 우리 가족

우리 부모님은 이웃을 만날 때마다 반갑게 인사하신다. 그 모습을 본 나도 따라 인사 했더니 경비 아저씨가 _____ 맑아야 아랫물이 맑다며 칭찬해 주셨다.

| 웃 | 윗 | 물 | 불 | 술 | 굴 | 이 | 기 |

챙겨야 할 자식이 많아 걱정이 끊이질 않을 때

"우리 아빠가 너희 부모님들을 대신해서 같이 가 주신대."

"그래. 뽀글이 말처럼 오늘 함께 즐거운 시간 보내자."

"테마파크 안은 복잡하니까 혼자 돌아다니면 안 돼."

"못 살아!"

"사파리는 언제 가요?"
"밥은 언제 먹어요?"
"넘어져서 다쳤어요."

"정신이 하나도 없네. 가지 많은 나무에 바람 잘 날 없다더니, 빨리 집에 가고 싶어!"

중요도

95 가지 많은 나무에 바람 잘 날 없다

- **이런 뜻** 가지가 많은 나무는 바람에 쉽게 흔들려 가만히 있기 어렵다.
- **이럴 때** 돌봐야 할 아이들이 많아서 자꾸 일이 생기고 걱정이 많아질 때
- **비슷한말** (속담) 새끼 아홉 둔 소 길마 벗을 날 없다.

 가 지 많 은 나 무 에 바람 잘 날 없다

많	은		가	무	
	무				
나		가	무		
	지		많		가
지	나	많			
	가		나	지	

 우리 집 개가 새끼만 다섯을 낳았어!

_____고 앞으로 엄청 시끄럽겠네.

힌트 오늘 배운 속담과 연관된 어휘 1개를 찾아 O 하세요.

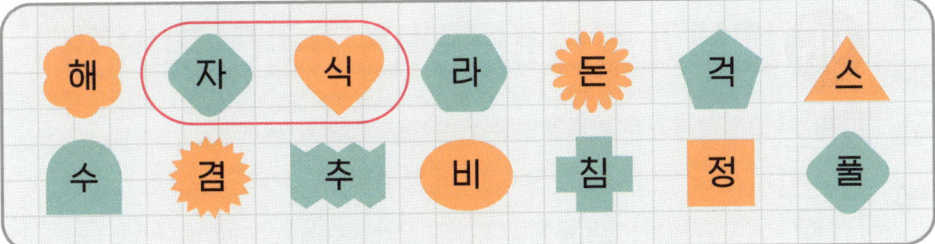

 분수에 맞지 않게 남을 따라 하다 손해를 볼 때

96 뱁새가 황새 따라가면 가랑이 찢어진다

| 이런 뜻 | 작은 뱁새가 큰 황새의 걸음을 쫓으려다 다리가 찢어진다.
| 이럴 때 | 자기 사정은 생각하지 않고 친구들을 따라 하다가 용돈을 다 써 버릴 때
| 반대말 |  송충이는 솔잎을 먹어야 한다: 자기 분수에 맞게 살아야 한다.

 **스도쿠로 익히기** 뱁새가 황 새 따 라 가 면
가랑이 찢어진다

		새			
황	가	라	따		새
가		면		라	
새		황	면		따
			라	새	가
		가		따	

 **말 속에서 써 보기**

 에이브처럼 날씬해지고 싶어서 하루에 한 끼만 먹었더니 힘이 없어.

_____ 는 말 몰라? 잘 챙겨 먹고 운동해!

 **글 속에서 유추하기**

힌트) 내용을 읽고 암호가 무엇을 나타내는지 써 보세요.

쥐구멍에라도 들어가고 싶어!

농구선수의 멋진 덩크 슛을 흉내 내다 발을 헛디뎠다. 하필 구경하는 친구들이 많아 너무 창피했다. ★새가 황새 따라가면 ●랑이 ▲어진다는 진리를 깨달았다.

★ ____   ● ____   ▲ ____

 어떤 일을 오랫동안 보고 들으면서 지식과 경험을 쌓게 될 때

중요도

97 서당 개 삼 년에 풍월을 읊는다

[이런 뜻] 서당에서 삼 년을 살다 보면 개조차도 글 읽는 소리를 낸다.

[이럴 때] 중국어를 하나도 못했는데 중국인 친구와 만나고 드라마를 보면서 대화가 될 때

[비슷한말] (속담) 독서당 개가 맹자 왈 한다.

 서당 개 삼 년에   을

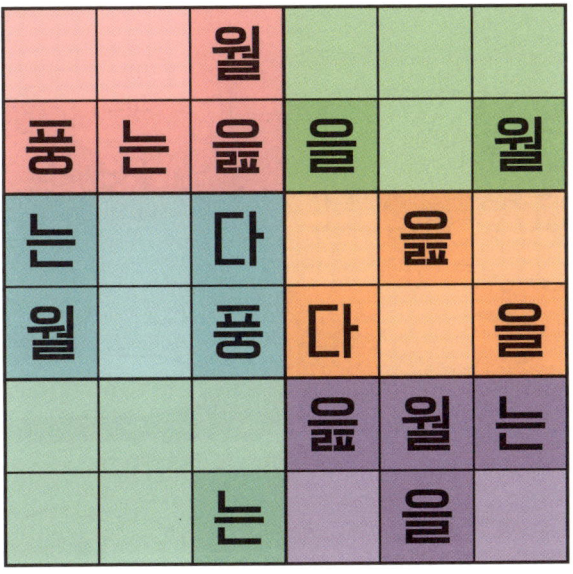

외국에 살다 온 적도 없으면서 어떻게 영어 애니메이션을 자막 없이 봐?

_____고 어릴 때부터 꾸준히 봐서 익숙해.

힌트 내용에 알맞은 어휘를 골라 보세요.

피아노는 내 친구

엄마가 피아노 학원을 하시니 피아노와 쉽게 친해졌다. (서당 / 식당) 개 삼 년에 (풍월 / 세월)을 읊는다더니 학교 대표로 피아노 콩쿠르에 나가게 되어 꿈만 같다.

203

 위급한 상황이라도 정신만 차리면 해결할 수 있을 때

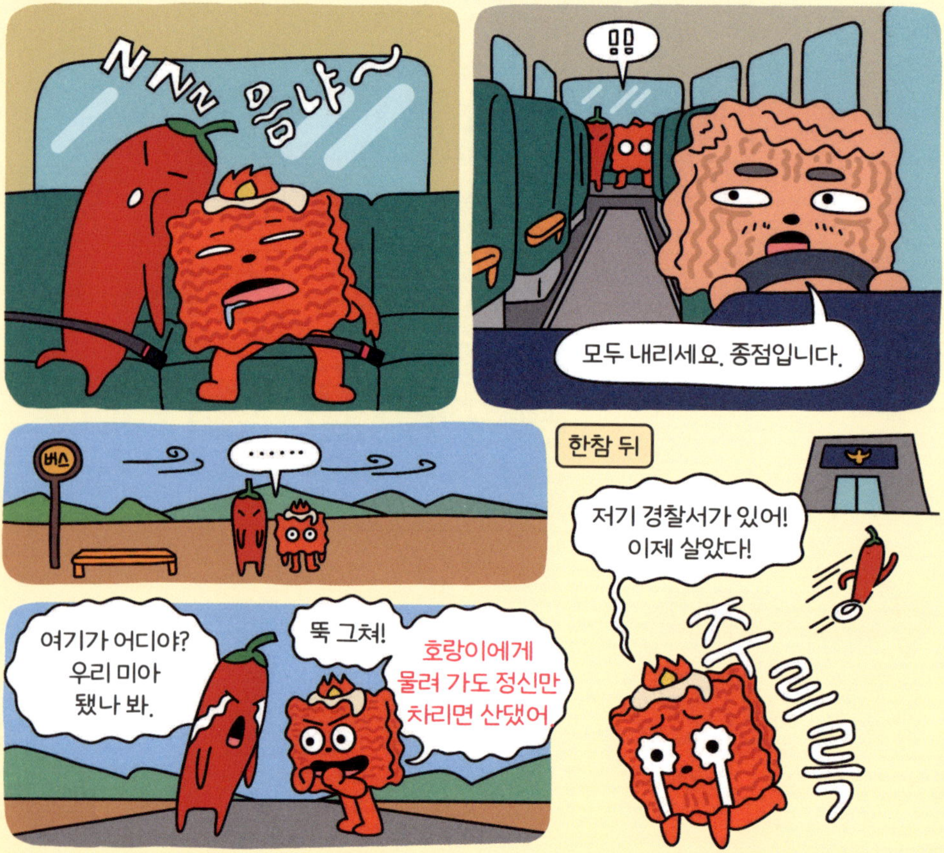

98 호랑이에게 물려 가도 정신만 차리면 산다

이런 뜻 호랑이에게 잡혀도 정신을 똑바로 차리고 방법을 찾으면 살 수 있다.

이럴 때 모르는 곳에 가도 침착하게 행동해서 경찰서를 찾을 때

비슷한말 (속담) 하늘이 무너져도 솟아날 구멍이 있다.

 호랑이에게 물려 가도 정신만 차리면 산다

면	차			신	만
	리		차	면	
신	정	차		리	면
리		만			
		리	면		차
차	만				리

 배드민턴 결승전에서 하필 최강 4반을 만나다니, 어떡하지?

_____잖아. 최선을 다하면 돼!

힌트 내용을 읽고 암호가 무엇을 나타내는지 써 보세요.

이럴 때일수록 침착하게!

냠냠이와 장난치다가 교장 선생님의 화분을 깨뜨렸다. '호★이에게 물려 가● 정신만 차리면 ▲다'는 생각으로 교장 선생님께 솔직하게 말씀드렸더니 용서해 주셨다.

★ ____ ● ____ ▲ ____

 어떤 일을 하려면 망설이지 말고 행동으로 옮겨야 할 때

중요도

99 쇠뿔도 단김에 빼랬다

이런 뜻 단단한 소의 뿔을 뽑으려면 불에 달구어진 김에 해치워야 한다.

이럴 때 새해 다짐한 일을 미루지 않고 당장 오늘부터 실천할 때

반대말 (속담) **급할수록 돌아가라:** 급하다고 서두르면 실수할 수 있으니 침착하게 행동해야 한다.

 쇠뿔도 | 단 | 김 | 에 | 빼 | 랬 | 다 |

말 속에서 써 보기

 날씨가 좋아서 자전거 타고 싶어. 하다 만 숙제는 나중에 할래.

_____고 미루지 말고 당장 숙제부터 해!

글 속에서 써먹기

힌트 내용에 어울리는 어휘를 찾아 ○ 하세요.

심상치 않은 독감, 어린이 환자 발생

독감이 고열과 심한 두통을 동반하며 초등학생 사이에서도 나타나기 시작했다. 전문가들은 _____ 단김에 빼라고 즉시 독감 예방 접종할 것을 권장했다.

| 외 | 쇠 | 괴 | 쇄 | 꿀 | 뿔 | 오 | 도 |

 **쉽게 해결할 일을 내버려두다 쓸데없이 큰 힘을 들이게 될 때**

- 이게 무슨 냄새야?
- 아무 냄새도 안 나는데? 괜한 걱정이야.

30분 뒤

- 기분 탓인가? 너희 집 부엌에서 타는 냄새가 나는 것 같은데….
- 으악~
- 어떡해! 떡볶이 만든다고 가스 불을 켜 놓고 깜빡했어.

- 어떡하면 좋아? 엄마한테 걸리면 끝이야!
- 에휴…
- 아까 내가 이상한 냄새난다고 했을 때 확인했으면 좋았잖아.
- 호미로 막을 것을 가래로 막는 꼴이야. 아까운 냄비만 버리게 생겼네.

중요도

 100 호미로 막을 것을 가래로 막는다

이런 뜻 작은 호미로 할 수 있는 일을 미루다가 나중에 큰 가래를 쓴다.

이럴 때 친구와의 작은 오해를 바로 풀지 않고 넘겼다가 크게 싸울 때

비슷한말 (속담) 소 잃고 외양간 고친다.

 호미로 막을 것을 | 가 | 래 | 로 | 막 | 는 | 다 |

	막	가	래	는	로
로					
래	는				막
막		다		래	는
					다
는				로	래

 자전거 브레이크가 고장 났는데 수리하는 걸 미뤄서 다쳤어!

_____게 됐군. 얼른 수리해.

힌트 오늘 배운 속담과 연관된 어휘 1개를 찾아 O 하세요.

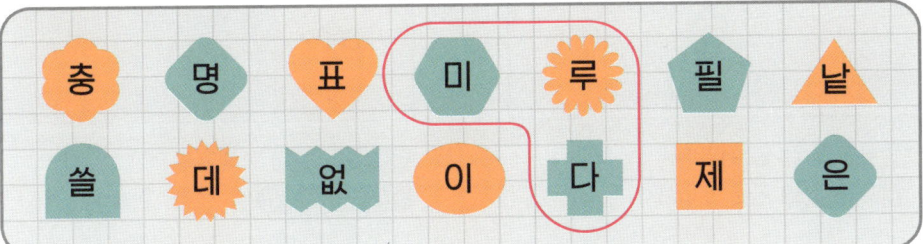

정답

11쪽

간	외	양
양	간	외
외	양	간

말 속에서 써 보기: 소 잃고 외양간 고
글 속에서 써먹기: 잃고 | 고치는

13쪽

는	가	재
가	재	는
재	는	가

말 속에서 써 보기: 가재는 게 편
내용에서 유추하기:

15쪽

탑	든	공
든	공	탑
공	탑	든

말 속에서 써 보기: 공든 탑이 무너
글 속에서 써먹기: 공든 | 무너지지

17쪽

기	알	먹
알	먹	기
먹	기	알

말 속에서 써 보기: 꿩 먹고 알 먹기
글 속에서 유추하기: ★:꿩 ●:고 ▲:먹

210

19쪽

가	코	내
내	가	코
코	내	가

- 말 속에서 써 보기: 내 코가 석 자
- 글 속에서 써먹기: 코 | 석

21쪽

경	읽	기
읽	기	경
기	경	읽

- 말 속에서 써 보기: 쇠귀에 경 읽기
- 글 속에서 유추하기: ★: 귀 ●: 경 ▲: 기

23쪽

구	리	개
개	구	리
리	개	구

- 말 속에서 써 보기: 우물 안 개구리
- 글 속에서 써먹기: 우물 | 개구리

25쪽

경	식	후
식	후	경
후	경	식

- 말 속에서 써 보기: 금강산도 식후경
- 글 속에서 유추하기: ★: 금 ●: 도 ▲: 경

27쪽

대	신	꿩
신	꿩	대
꿩	대	신

- 말 속에서 써 보기: 꿩 대신 닭
- 글 속에서 써먹기: 꿩 | 닭

29쪽

뱉	침	기
기	뱉	침
침	기	뱉

- 말 속에서 써 보기: 누워서 침 뱉기
- 글 속에서 유추하기: ★:누 ●:침 ▲:기

31쪽

잔	밑	등
등	잔	밑
밑	등	잔

- 말 속에서 써 보기: 등잔 밑이 어둡다
- 글 속에서 써먹기: 등잔 | 어둡다

33쪽

빈	수	레
수	레	빈
레	빈	수

- 말 속에서 써 보기: 빈 수레가 요란
- 글 속에서 유추하기: ★:빈 ●:가 ▲:란

35쪽

공	사	이
사	이	공
이	공	사

말 속에서 써 보기 사공이 많으면 배가 산으로 간다
글 속에서 써먹기

| 강 | 상 | 산 | 으 | 그 | 로 | 오 | 고 |

37쪽

겉	기	핥
핥	겉	기
기	핥	겉

말 속에서 써 보기 수박 겉 핥기
내용에서 유추하기

39쪽

이	원	숭
숭	이	원
원	숭	이

말 속에서 써 보기 원숭이도 나무에서 떨어
내용에서 유추하기

41쪽

들	볕	날
볕	날	들
날	들	볕

말 속에서 써 보기 쥐구멍에도 볕 들 날 있
글 속에서 써먹기

| 귀 | 쥐 | 위 | 구 | 멍 | 게 | 에 | 도 |

43쪽

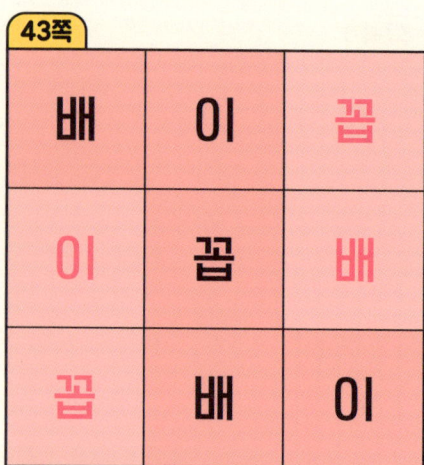

- 말 속에서 써 보기: 배보다 배꼽이 더 크
- 글 속에서 써먹기

45쪽

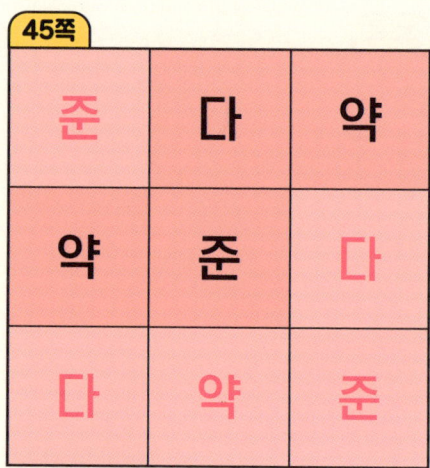

- 말 속에서 써 보기: 병 주고 약
- 내용에서 유추하기

47쪽

- 말 속에서 써 보기: 하늘의 별 따기
- 글 속에서 써먹기

49쪽

- 말 속에서 써 보기: 꼬리가 길면 밟
- 글 속에서 유추하기 ★ : 리 ● : 길 ▲ : 힌

51쪽

다	성	낸
성	낸	다
낸	다	성

- **말 속에서 써 보기**: 방귀 뀐 놈이 성낸다
- **글 속에서 써먹기**: 방귀 | 성낸다

53쪽

새	가	고	듣
고	듣	가	새
가	새	듣	고
듣	고	새	가

- **말 속에서 써 보기**: 낮말은 새가 듣고 밤말은 쥐가 듣는다
- **글 속에서 유추하기**: ★: 말 ●: 듣 ▲: 쥐

55쪽

는	위	뛰	놈
놈	뛰	위	는
뛰	는	놈	위
위	놈	는	뛰

- **말 속에서 써 보기**: 뛰는 놈 위에 나는 놈 있
- **글 속에서 써먹기**: 뛰는 | 나는

57쪽

움	래	싸	고
고	싸	움	래
래	움	고	싸
싸	고	래	움

- **말 속에서 써 보기**: 고래 싸움에 새우 등 터진
- **글 속에서 써먹기**:

| 좌 | 화 | 해 | (싸) | (움) | 에 | 애 | 게 |

늘	둑	바	도
바	도	둑	늘
도	바	늘	둑
둑	늘	도	바

말 속에서 써 보기 바늘 도둑이 소도둑
글 속에서 써먹기 바늘 | 소

도	리	천	길
천	길	도	리
길	도	리	천
리	천	길	도

말 속에서 써 보기 천 리 길도 한 걸음부터
내용에서 유추하기

데	은	팥	심
심	팥	데	은
은	데	심	팥
팥	심	은	데

말 속에서 써 보기 콩 심은 데 콩 나고 팥 심은 데 팥
글 속에서 써먹기 콩 | 팥

아	끌	모	티
티	모	아	끌
모	티	끌	아
끌	아	티	모

말 속에서 써 보기 티끌 모아 태산
글 속에서 유추하기 ★ : 티 ● : 모 ▲ : 산

67쪽

옷	줄	는	젖
는	젖	줄	옷
줄	옷	젖	는
젖	는	옷	줄

- 말 속에서 써 보기: 가랑비에 옷 젖는 줄 모
- 글 속에서 써먹기: 가랑비 | 옷

69쪽

올	이	적	챙
적	챙	이	올
챙	적	올	이
이	올	챙	적

- 말 속에서 써 보기: 개구리 올챙이 적 생각 못 한다
- 내용에서 유추하기

71쪽

도	벵	이	굼
굼	이	벵	도
이	도	굼	벵
벵	굼	도	이

- 말 속에서 써 보기: 굼벵이도 구르는 재주가 있
- 내용에서 유추하기

73쪽

쫓	던	닭	개
닭	개	던	쫓
개	닭	쫓	던
던	쫓	개	닭

- 말 속에서 써 보기: 닭 쫓던 개 지붕 쳐다
- 글 속에서 유추하기: ★: 개 ●: 봉 ▲: 쳐

217

75쪽

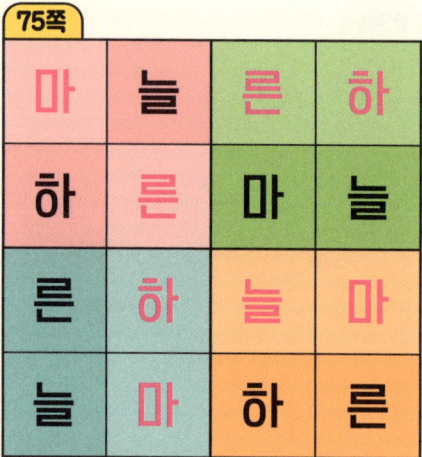

마	늘	른	하
하	른	마	늘
른	하	늘	마
늘	마	하	른

말 속에서 써 보기 마른하늘에 날벼락
글 속에서 써먹기

| 알 | 발 | 널 | 날 | 벼 | 버 | 락 | 각 |

77쪽

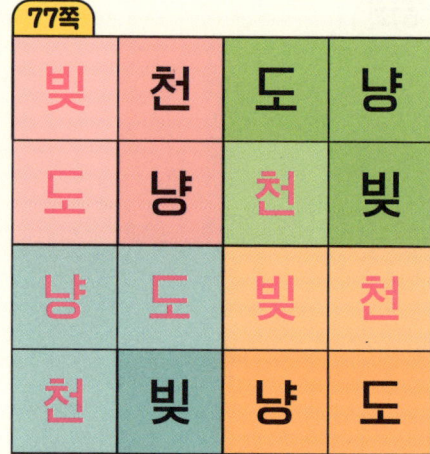

빚	천	도	냥
도	냥	천	빚
냥	도	빚	천
천	빚	냥	도

말 속에서 써 보기 말 한마디에 천 냥 빚도 갚는다
내용에서 유추하기

79쪽

씨	다	된	가
된	가	다	씨
가	된	씨	다
다	씨	가	된

말 속에서 써 보기 말이 씨가 되
글 속에서 써먹기 말ㅣ씨

81쪽

믿	는	끼	도
끼	도	믿	는
는	믿	도	끼
도	끼	는	믿

말 속에서 써 보기 믿는 도끼에 발등 찍
글 속에서 유추하기 ★ : 끼 ● : 등 ▲ : 찍

83쪽

말 속에서 써 보기 밑 빠진 독에 물 붓기
글 속에서 써먹기

갖 | 찾 | 쏟 | 붓 | 이 | 기 | 지 | 개

85쪽

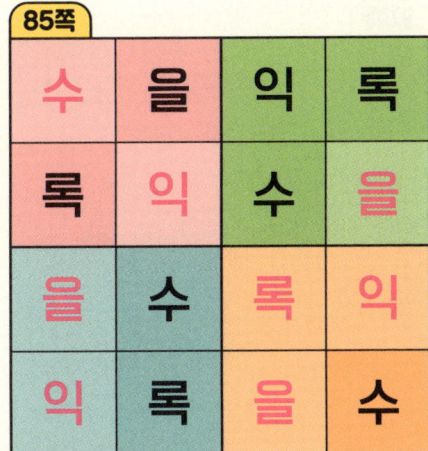

말 속에서 써 보기 벼 이삭은 익을수록 고개를 숙인다
내용에서 유추하기

87쪽

열	번	찍	어
어	찍	열	번
번	열	어	찍
찍	어	번	열

말 속에서 써 보기 열 번 찍어 아니 넘어가는 나무 없다
글 속에서 써먹기 찍어 | 나무

89쪽

한	물	을	우
을	우	물	한
물	한	우	을
우	을	한	물

말 속에서 써 보기 우물을 파도 한 우물을 파라
내용에서 유추하기

91쪽

쓴	약	에	입
입	에	쓴	약
에	입	약	쓴
약	쓴	입	에

- 말 속에서 써 보기: 입에 쓴 약이 몸에 좋다
- 내용에서 유추하기

93쪽

고	은	추	작
작	추	은	고
은	고	작	추
추	작	고	은

- 말 속에서 써 보기: 작은 고추가 더 맵다
- 글 속에서 유추하기 ★: 작 ●: 가 ▲: 맵

95쪽

지	이	도	렁
도	렁	지	이
렁	도	이	지
이	지	렁	도

- 말 속에서 써 보기: 지렁이도 밟으면 꿈틀한다
- 글 속에서 써먹기: 지렁이ㅣ꿈틀한다

97쪽

낙	온	다	이
이	다	온	낙
온	낙	이	다
다	이	낙	온

- 말 속에서 써 보기: 고생 끝에 낙이
- 글 속에서 유추하기 ★: 고 ●: 에 ▲: 낙

99쪽

돌	는	구	르
구	르	는	돌
르	구	돌	는
는	돌	르	구

말 속에서 써 보기 구르는 돌에는 이끼가 끼지 않는다

글 속에서 써먹기

101쪽

자	역	도	기
기	도	역	자
역	자	기	도
도	기	자	역

말 속에서 써 보기 낫 놓고 기역 자도 모

글 속에서 유추하기 ★ : 놓 ● : 기 ▲ : 모

103쪽

떡	부	터	잎
터	잎	부	떡
잎	터	떡	부
부	떡	잎	터

말 속에서 써 보기 될성부른 나무는 떡잎부터 알아본다

글 속에서 써먹기 나무 | 떡잎

105쪽

러	갈	누	똥
똥	누	갈	러
누	러	똥	갈
갈	똥	러	누

말 속에서 써 보기 똥 누러 갈 적 마음 다르고 올 적 마음 다

내용에서 유추하기

말 속에서 써 보기 미운 아이 떡 하나 더
글 속에서 써먹기 미운 | 떡

말 속에서 써 보기 발 없는 말이 천 리 간다
내용에서 유추하기

말 속에서 써 보기 세 살 버릇 여든까지 간다
글 속에서 써먹기 세 | 여든

말 속에서 써 보기 숭어가 뛰니까 망둥이도 뛴다
글 속에서 유추하기 ★: 숭 ●: 뛰 ▲: 도

115쪽

마	홍	치	다
치	다	홍	마
홍	마	다	치
다	치	마	홍

말 속에서 써 보기 같은 값이면 다홍치마

글 속에서 써먹기

| 갑 | 값 | 양 | 이 | 요 | 면 | 명 | 마 |

(값, 이, 면 에 동그라미)

117쪽

방	기	달	울
달	울	방	기
기	방	울	달
울	달	기	방

말 속에서 써 보기 고양이 목에 방울 달기

내용에서 유추하기

(행동, 의 에 동그라미)

119쪽

하	면	말	제
제	말	하	면
말	제	면	하
면	하	제	말

말 속에서 써 보기 호랑이도 제 말 하면 온다

글 속에서 써먹기 호랑이ㅣ말

121쪽

넝	째	쿨	로
로	쿨	째	넝
째	넝	로	쿨
쿨	로	넝	째

말 속에서 써 보기 호박이 넝쿨째로 굴러떨어

글 속에서 유추하기 ★ : 호 ● : 로 ▲ : 떨

223

123쪽

기	오	누	줌
줌	누	오	기
누	줌	기	오
오	기	줌	누

말 속에서 써 보기 언 발에 오줌 누기

글 속에서 써먹기

| 손 | 발 | 알 | 네 | 에 | 세 | 가 | 는 |

125쪽

묻	개	은	겨
은	겨	개	묻
겨	은	묻	개
개	묻	겨	은

말 속에서 써 보기 똥 묻은 개가 겨 묻은 개 나무

내용에서 유추하기

127쪽

을	열	안	다
안	다	열	을
다	안	을	열
열	을	다	안

말 속에서 써 보기 하나를 보면 열을 안다

글 속에서 써먹기 하나 l 열

129쪽

기	바	위	치
위	치	바	기
치	위	기	바
바	기	치	위

말 속에서 써 보기 계란으로 바위 치기

글 속에서 유추하기 ★:로 ●:위 ▲:치

131쪽

해	로	라	바
바	라	로	해
로	해	바	라
라	바	해	로

말 속에서 써 보기 입은 비뚤어져도 말은 바로 해
글 속에서 써먹기

| 말 | 살 | 날 | 온 | 는 | 근 | 로 | 바 |

(말, 온에 동그라미)

133쪽

르	고	아	다
다	아	르	고
고	르	다	아
아	다	고	르

말 속에서 써 보기 아 다르고 어 다르다
내용에서 유추하기

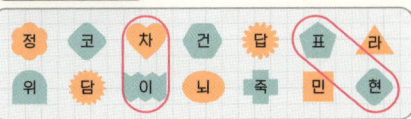

135쪽

날	솟	구	멍	아
아	멍	날	구	솟
멍	구	솟	아	날
구	날	아	솟	멍
솟	아	멍	날	구

말 속에서 써 보기 하늘이 무너져도 솟아날 구멍은 있다
글 속에서 써먹기 하늘 | 솟아날

137쪽

보	어	배	꿰	야
배	보	야	어	꿰
야	꿰	어	보	배
어	야	꿰	배	보
꿰	배	보	야	어

말 속에서 써 보기 구슬이 서 말이라도 꿰어야 보배
글 속에서 유추하기 ★ : 슬 ● : 말 ▲ : 꿰

139쪽

어	배	떨	진	다
다	진	어	떨	배
떨	어	다	배	진
배	떨	진	다	어
진	다	배	어	떨

말 속에서 써 보기 까마귀 날자 배 떨어진다

글 속에서 써먹기

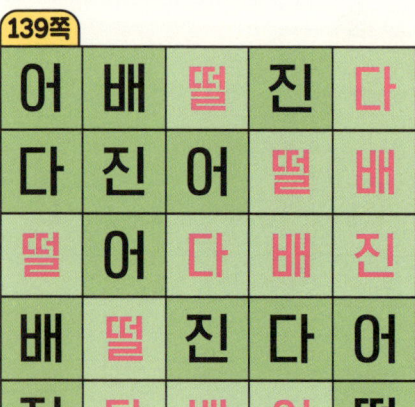

141쪽

보	두	고	들	겨
들	겨	두	고	보
두	고	보	겨	들
겨	보	들	두	고
고	들	겨	보	두

말 속에서 써 보기 돌다리도 두들겨 보고 건너

내용에서 유추하기

143쪽

글	장	못	까	담
까	담	글	장	못
못	글	까	담	장
장	까	담	못	글
담	못	장	글	까

말 속에서 써 보기 구더기 무서워 장 못 담글까

글 속에서 써먹기 구더기 | 장

145쪽

리	제	다	발	저
다	발	리	저	제
발	다	저	제	리
제	저	발	리	다
저	리	제	다	발

말 속에서 써 보기 도둑이 제 발 저리

글 속에서 유추하기 ★ : 둑 ● : 발 ▲ : 저

147쪽

국	김	칫	부	터
김	국	터	칫	부
부	터	김	국	칫
칫	부	국	터	김
터	칫	부	김	국

말 속에서 써 보기 떡 줄 사람은 생각도 않는데 김칫국부터 마

글 속에서 써먹기

어 자 (사) 자 감 랑 (림) 은 는

149쪽

면	낫	들	맞	다
낫	다	면	들	맞
다	들	맞	낫	면
들	맞	다	면	낫
맞	면	낫	다	들

말 속에서 써 보기 백지장도 맞들면 낫다

글 속에서 유추하기 ★ : 도 ● : 맞 ▲ : 낫

151쪽

땐	굴	뚝	니	아
아	뚝	니	땐	굴
니	아	땐	굴	뚝
굴	땐	아	뚝	니
뚝	니	굴	아	땐

말 속에서 써 보기 아니 땐 굴뚝에 연기 나

글 속에서 써먹기 굴뚝 | 연기

153쪽

를	다	주	쑨	메
쑨	메	를	주	다
다	주	쑨	메	를
주	를	메	다	쑨
메	쑨	다	를	주

말 속에서 써 보기 콩으로 메주를 쑨다 해도 곧이 안 믿

내용에서 유추하기

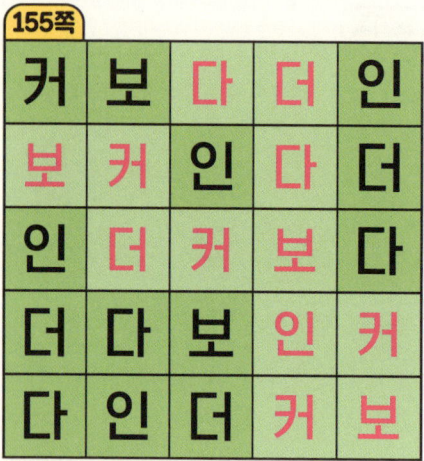

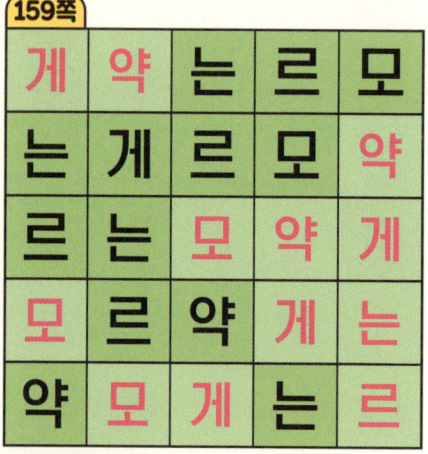
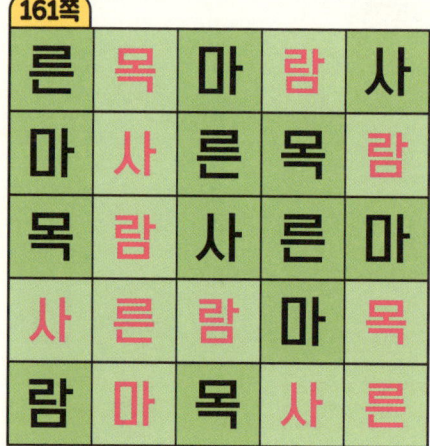

163쪽

져	건	놓	니	으
으	져	건	놓	니
건	니	져	으	놓
놓	으	니	져	건
니	놓	으	건	져

말 속에서 써 보기 물에 빠진 놈 건져 놓으니 보따리 내놓으라 한다
글 속에서 써먹기 물 | 보따리

165쪽

데	늘	바	는	가
늘	는	데	가	바
는	데	가	바	늘
바	가	늘	데	는
가	바	는	늘	데

말 속에서 써 보기 바늘 가는 데 실
글 속에서 유추하기 ★ : 늘 ● : 데 ▲ : 간

167쪽

늉	다	찾	숭	는
찾	숭	늉	는	다
숭	찾	는	다	늉
는	늉	다	찾	숭
다	는	숭	늉	찾

말 속에서 써 보기 우물에 가 숭늉 찾는
글 속에서 써먹기 우 | 유 | 수 | 주 | 물 | 불 | 에 | 게

169쪽

솥	고	껑	보	뚜
고	뚜	솥	껑	보
뚜	껑	보	솥	고
껑	보	뚜	고	솥
보	솥	고	뚜	껑

말 속에서 써 보기 자라 보고 놀란 가슴 솥뚜껑 보고 놀란다
내용에서 유추하기

171쪽

지	아	하	룻	강
강	지	룻	아	하
하	강	아	지	룻
룻	하	지	강	아
아	룻	강	하	지

말 속에서 써 보기 하룻강아지 범 무서운 줄 모
글 속에서 써먹기 강아지 | 범

173쪽

은	것	고	길	짧
고	은	길	짧	것
것	길	짧	은	고
짧	고	은	것	길
길	짧	것	고	은

말 속에서 써 보기 길고 짧은 것은 대어 보아야 안다
글 속에서 써먹기 쇠 세 데 (대) 여 (어) 거 머

175쪽

한	질	다	채	부
다	한	부	질	채
채	다	한	부	질
질	부	채	다	한
부	채	질	한	다

말 속에서 써 보기 불난 집에 부채질한다
내용에서 유추하기

177쪽

제	다	짝	이	있
다	짝	있	제	이
이	있	다	짝	제
있	이	제	다	짝
짝	제	이	있	다

말 속에서 써 보기 짚신도 제짝이 있다
글 속에서 써먹기 짚신 | 짝

179쪽

다	면	쓰	뱉	는
는	다	면	쓰	뱉
면	는	뱉	다	쓰
뱉	쓰	다	는	면
쓰	뱉	는	면	다

말 속에서 써 보기 달면 삼키고 쓰면 뱉는다
글 속에서 써먹기 달면 | 쓰면

181쪽

없	다	을	먹	것
먹	없	것	다	을
다	것	먹	을	없
을	먹	없	것	다
것	을	다	없	먹

말 속에서 써 보기 소문난 잔치에 먹을 것 없다
글 속에서 써먹기

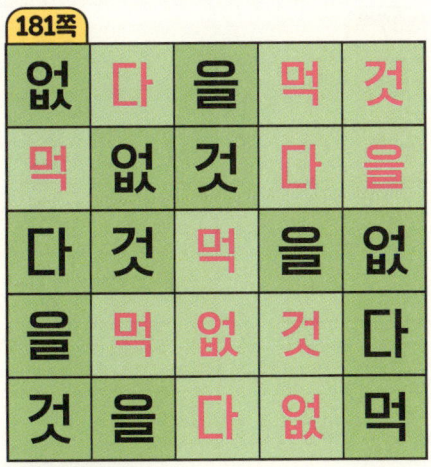

183쪽

치	다	음	뒷	걸
뒷	음	걸	치	다
걸	뒷	다	음	치
음	걸	치	다	뒷
다	치	뒷	걸	음

말 속에서 써 보기 황소 뒷걸음치다 쥐 잡는다
내용에서 유추하기

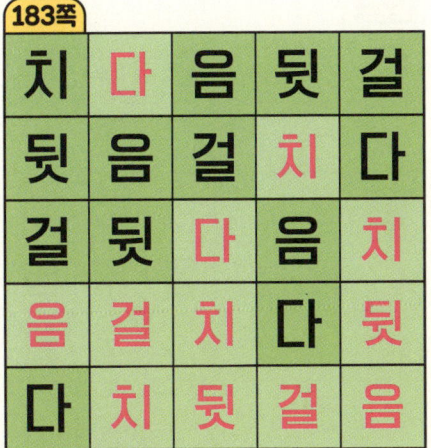

185쪽

곱	오	는	다	말	이
다	이	말	오	곱	는
말	곱	오	는	이	다
이	는	다	곱	오	말
오	다	이	말	는	곱
는	말	곱	이	다	오

말 속에서 써 보기 가는 말이 고와야 오는 말이 곱다
글 속에서 써먹기 말 | 고와야

187쪽

아	라	한	놓	배	다
다	배	놓	아	라	한
놓	한	아	배	다	라
라	다	배	한	놓	아
한	놓	라	다	아	배
배	아	다	라	한	놓

- 말 속에서 써 보기: 남의 잔치에 감 놓아라 배 놓아라
- 글 속에서 유추하기: ★: 남 ●: 감 ▲: 놓

189쪽

놓	리	발	내	기	오
내	기	오	발	놓	리
오	발	리	기	내	놓
기	내	놓	리	오	발
리	놓	기	오	발	내
발	오	내	놓	리	기

- 말 속에서 써 보기: 닭 잡아먹고 오리발 내놓기
- 글 속에서 써먹기: 키 우 (잡) (아) 가 (먹) (고) 채

191쪽

다	이	땅	어	진	굳
굳	진	어	이	다	땅
진	굳	이	다	땅	어
어	땅	다	진	굳	이
이	다	굳	땅	어	진
땅	어	진	굳	이	다

- 말 속에서 써 보기: 비 온 뒤에 땅이 굳어진다
- 내용에서 유추하기:

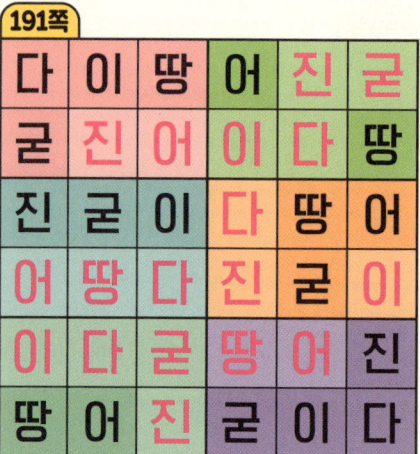

193쪽

은	신	망	어	물	전
어	물	전	은	망	신
물	망	어	전	신	은
전	은	신	물	어	망
망	어	은	신	전	물
신	전	물	망	은	어

- 말 속에서 써 보기: 어물전 망신은 꼴뚜기가 시킨다
- 글 속에서 써먹기: 어물전 | 꼴뚜기

195쪽

속	사	은	한	길	람
길	한	람	사	속	은
사	은	길	람	한	속
람	속	한	길	은	사
은	길	사	속	람	한
한	람	속	은	사	길

말 속에서 써 보기 열 길 물속은 알아도 한 길 사람 속은 모른다

글 속에서 유추하기 ★:물 ●:한 ▲:람

197쪽

맑	아	이	랫	다	물
다	랫	물	아	이	맑
아	이	랫	물	맑	다
물	다	맑	이	랫	아
랫	물	다	맑	아	이
이	맑	아	다	물	랫

말 속에서 써 보기 윗물이 맑아야 아랫물이 맑

글 속에서 써먹기 웃 (윗) (물) 불 술 굴 (이) 기

199쪽

많	은	지	가	무	나
가	무	나	지	많	은
나	많	가	무	은	지
은	지	무	많	나	가
지	나	많	은	가	무
무	가	은	나	지	많

말 속에서 써 보기 가지 많은 나무에 바람 잘 날 없다

내용에서 유추하기

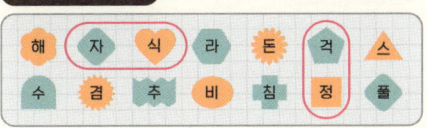

201쪽

따	면	새	가	황	라
황	가	라	따	면	새
가	따	면	새	라	황
새	라	황	면	가	따
면	황	따	라	새	가
라	새	가	황	따	면

말 속에서 써 보기 뱁새가 황새 따라가면 가랑이 찢어진다

글 속에서 유추하기 ★:뱁 ●:가 ▲:찢

233

203쪽

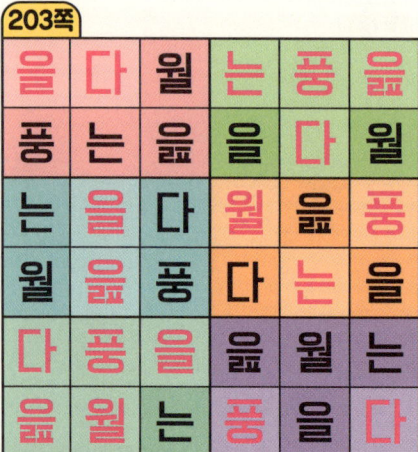

말 속에서 써 보기: 서당 개 삼 년에 풍월을 읊는다
글 속에서 써먹기: 서당 | 풍월

205쪽

면	차	정	리	신	만
만	리	신	차	면	정
신	정	차	만	리	면
리	면	만	정	차	신
정	신	리	면	만	차
차	만	면	신	정	리

말 속에서 써 보기: 호랑이에게 물려 가도 정신만 차리면 산다
글 속에서 유추하기: ★: 랑 ●: 도 ▲: 산

207쪽

말 속에서 써 보기: 쇠뿔도 단김에 빼랬다
글 속에서 써먹기:
외 | 쇠 | 괴 | 쇄 | 꼴 | 뿔 | 오 | 도
(쇠, 뿔, 도에 동그라미)

209쪽

다	막	가	래	는	로
로	래	는	막	다	가
래	는	로	다	가	막
막	가	다	로	래	는
가	로	래	는	막	다
는	다	막	가	로	래

말 속에서 써 보기: 호미로 막을 것을 가래로 막는다
글 속에서 써먹기:

머리에 쏙 입에 착 붙는 어휘 스도쿠 속담

발행일 2025년 9월 3일

기획 및 감수 | 맹지현
글 | 류혜인
그림 | 강홍주

펴낸곳 | 메가스터디(주)
펴낸이 | 손은진
개발 책임 | 김문주
개발 | 김숙영, 민고은, 서은영
디자인 | 양X호랭 DESIGN
마케팅 | 엄재욱, 강보현
제작 | 이성재, 장병미
주소 | 서울시 서초구 효령로 304 국제전자센터 24층
대표전화 | 1661-5431
홈페이지 | http://www.megastudybooks.com
출판사 신고 번호 | 제2015-000159호
출간제안/원고투고 | 메가스터디북스 홈페이지 <투고 문의>에 등록

*잘못된 책은 구입하신 곳에서 바꾸어 드립니다.

메가스터디BOOKS

'메가스터디북스'는 메가스터디(주)의 교육, 학습 전문 출판 브랜드입니다.
초중고 참고서는 물론, 어린이/청소년 교양서, 성인 학습서까지 다양한 도서를 출간하고 있습니다.

KC •제품명 머리에 쏙 입에 착 붙는 어휘 스도쿠 속담
•제조자명 메가스터디(주) •제조년월 판권에 별도 표기 •제조국명 대한민국 •사용연령 3세 이상
•주소 및 전화번호 서울시 서초구 효령로 304(서초동) 국제전자센터 24층 / 1661-5431